불안할 땐 필사책

불안할 땐 필사책

불확실한 세상에서
나를 지켜 내는

정신과 의사의
필사 처방전

전미경 지음

들어가는 글

당신이라는
크고 넓은 세계를
믿는 마음

"나는 왜 이럴까?"

가슴 깊은 곳에서 울컥 치밀어 오르는 한 가지 질문이 떠오릅니다. 왜 이런 생각이 드는 걸까요? 모든 사람은 저마다 눈에 보이지 않는 뿌리를 품고 살아갑니다. 그런데 이 뿌리가 단단하지 않으면 작은 말 한마디에도 휘청이고, 사소한 실수에도 금방 무너져 내립니다. 마음이 불안하고 생각은 많아지고 밤에는 편히 잠을 이룰 수 없죠. 겉으로는 멀쩡해 보이는 사람도 속으로는 수많은 불안과 씨름하고 있습니다.

텍사스 대학의 제임스 페니베이커 James Pennebaker 교수가 40년 넘게 연구한 끝에 발견한 한 가지 단순하지만 강력한 진실이 있습니다. 밀려드는 생각과 불안한 마음을 글로 쓰는 것만으로도 삶이 회복되기 시작한다는 것입니다. 면역력이 높아지고, 불안이 줄어들며, 마음에 평화가 찾아옵니다.

어째서일까요? 마음속에 엉켜 있던 실타래 같은 감정들이 글자가 되어 종이 위에 펼쳐지는 순간, 우리는 그제야 우리 자신을 제대로 마주 볼 수 있게 됩니다. 형체 없던 아픔이 문장이 되고, 이름 없던 두려움이 단어가 됩니다. 그리고 그때 회복은 시작됩니다.

이 책은 제가 정신과 의사로서 25년간 지나 왔던 임상 경험을 바탕으로 만든 특별한 필사책입니다. 25년간 10만 명의 환자들의 이야기에서 길어 올린 문장들은 일상 회복의 단계별 여정을 담고 있습니다. 감정 수용부터 자기 인정, 일상의 회복과 나를 믿는 연습에 이르기까지, 마치 곁에서 손을 잡고 함께 걸어가듯, 한 걸음 한 걸음 여러분의 마음을 세심하게 돌봐 가는 여정입니다.

책에 담긴 이야기와 심리 조언들, 일상에서 할 수 있는 마음 회복 훈련은 혼자 걷기 힘든 사람에게 건네는 지팡이와 같습니다. 손으로 따라 쓰는 한 문장 한 문장은 여러분의 삶을 흔들리지 않게 붙들어 주는 힘이 됩니다. 펜이 종이에 닿는 순간, 뇌에서는 특별한 일이 일어납니다. 손으로 글씨를 쓸 때 활성화되는 뇌 영역은 감정과 기억을 관장하는 곳과 연결되어 있습니다. 그래서 필사는 단순한 베끼기가 아니라, 마음을 어루만지는 명상이 됩니다.

나비가 되기까지 애벌레는 긴 시간 번데기 속에서 기다립니다. 씨앗이 꽃이 되기까지도 계절이 바뀌어야 합니다. 마음이 단단해지는 데도 시간이 필요합니다.

신경과학 연구에 따르면, 새로운 습관이 형성되기까지는 평균 66일이 걸립니다. 이 책을 66가지의 글로 구성한 이유입니다. 그러나 이보다 더 중요한 것은, 그 시간 동안 여러분이 매일 자신과 마주하게 된다는 사실입니다. 억지로 긍정적이게 되고자 애쓰지 않아도 됩니다. 그저 잠깐이라도, 책 속의 문장을 따라 쓰면서 숨을 고르는 것만으로도 충분합니다.

자기 비난에 지쳤거나 무기력한 분들, 혼자 있는 시간이 힘들고, 수많은 생각과 불안한 감정 탓에 스스로를 괴롭히고 있는 분들께 특별히 이 책을 권합니다. 단순한 필사책이 아니라, 매일 정신과 전문의가 건네는 마음의 처방전을 따라 쓰는 66일간의 프로그램으로써 이 책이 여러분의 삶에 진정으로 도움이 될 수 있기를 바랍니다.

놀랍게도 여러분은 이미 첫걸음을 뗐습니다. '66일은 너무 긴 것 같은데', '정말 내가 달라질까?'라는 생각이 들어도 괜찮습니다. 그 모든 의구심을 안고 시작해도 됩니다. 중요한 것은 완벽하게 쓰는 것이 아니라, '쓰기 시작하는' 것입니다. 삐뚤빼뚤한 글씨여도, 중간에 며칠 쉬어도 괜찮습니다. 여러분의 속도대로, 여러분의 방식대로 가면 됩니다.

66일 후 우리의 겉모습은 크게 달라지지 않을 수도 있습니다. 하지만 분명히 달라진 것이 있을 겁니다. 바로 자신을 바라보는 눈빛입니다. 비난 대신 이해가, 조급함 대신 기다림이, 차가움 대신 온기가 그 눈빛에 담겨 있을 것입니다. 그리고 무엇보다, '나는 있는 그대로도 충분한 사람'이라는 조용한 확신이 마음 깊은 곳에 자리 잡게 될 것입니다. 이토록 불확실하고 무엇 하나 붙잡을 것 없는 불안한 세상에서, 당신을 지켜 내는 아주 작지만 확실한 문장들이 되기를 바랍니다.

차례

들어가는 글 당신이라는 크고 넓은 세계를 믿는 마음 ··· 4

1장 ✦ 내 안의 감정과 마주하는 법

01일	감정은 사라지지 않는다, 이해받기 전까지	··· 14
02일	예민함을 인정하는 용기	··· 18
03일	불안은 내가 아직 나를 믿지 못한다는 신호	··· 22
04일	화가 날 때 화를 인정하는 법	··· 26
05일	슬픔은 사랑의 깊이를 알려 준다	··· 30
06일	그 어떤 감정도 느껴지지 않는다면	··· 34
07일	감정이 휘몰아칠 때 해야 하는 일	··· 38
08일	외로움이 밀려오는 순간	··· 42
09일	의미를 잃은 공허함의 시간들	··· 46
10일	모든 것이 내 잘못인 것 같을 때	··· 50
11일	감정 일기, 매일 나를 기록하는 시간	··· 54

2장 ✦ 불완전한 나를 껴안기

- 12일 완벽해야만 사랑받을 수 있다는 착각 ··· 60
- 13일 타인의 시선이 나를 가두었을 때 ··· 64
- 14일 우울은 게으름이 아니다 ··· 68
- 15일 끊임없이 생각을 되풀이하는 사람들 ··· 72
- 16일 상처를 새롭게 해석하는 법 ··· 76
- 17일 나를 아프게 했던 말을 떠나보내기 ··· 80
- 18일 두려움을 느끼는 이유 ··· 84
- 19일 후회가 나를 잠식할 때 ··· 88
- 20일 실패를 어떻게 바라보고 있는가 ··· 92
- 21일 모자람이 이끄는 길 ··· 96
- 22일 실패에서 회복하는 방법 ··· 100

3장 ✦ 지치고 피로한 삶에서 회복하는 시간

- 23일 멈추는 건 무너지는 게 아니다 ··· 106
- 24일 전환의 시간을 가지는 법 ··· 110
- 25일 뭘 해도 부족하다고 생각될 때 ··· 114
- 26일 디지털 세상에 갇힌 나를 구하기 ··· 118
- 27일 번아웃에서 탈출하는 법 ··· 122
- 28일 아무리 잠을 자도 피로가 풀리지 않는 이유 ··· 126
- 29일 '내가 선택했다'라는 생각이 나를 바꾼다 ··· 130
- 30일 밤이 깊어질수록 잠 못 이루는 사람들 ··· 134
- 31일 이유 없이 가슴이 답답하고 몸이 무겁다면 ··· 138
- 32일 나는 왜 무기력할까? ··· 142
- 33일 '해야 한다'에서 '하고 싶다'로 ··· 146

4장 ✦ 일상을 단단하게 살아가기

34일	감사를 기록할 때 달라지는 일들	... 152
35일	집중하지 못하고 자꾸 딴생각에 빠진다면	... 156
36일	억지웃음이 우리를 더 공허하게 만든다	... 160
37일	매일 똑같은 하루를 보낸다는 생각이 들 때	... 164
38일	지금 행복을 느끼지 못하는 당신에게	... 168
39일	소음에 기대지 않고 침묵을 경험하는 연습	... 172
40일	항상 연결되지 않아도 괜찮다	... 176
41일	주는 만큼 잘 받는 법	... 180
42일	직접 경험이 내 삶에 남기는 것	... 184
43일	때로는 낯선 길을 걸어 봐도 좋다	... 188
44일	내 안의 작은 변화를 알아차리기	... 192

5장 ✦ 작은 일이라도 지속하는 연습

45일	작은 의례들이 지탱하는 하루	... 198
46일	반복은 뇌를 바꾼다	... 202
47일	사소한 행위들의 힘	... 206
48일	갑자기 무너질 때 나를 구하는 한 가지 의식	... 210
49일	자기 돌봄 연습하기	... 214
50일	우울증 환자를 바꾼 1퍼센트 변화의 기적	... 218
51일	하지 않는 날도 괜찮다	... 222
52일	느리게 가도, 멈추지 않으면	... 226
53일	재능이 없다고 생각될 때	... 230
54일	의지가 약한 사람들에게 필요한 것	... 234
55일	몸은 패턴을 기억한다	... 238

6장 ✦ 나를 믿고, 나답게

56일	내 안의 가능성은 아직도 유효하다	⋯ 244
57일	'조금 더 나아지면'이라는 거짓말	⋯ 248
58일	내가 정말로 원하는 것	⋯ 252
59일	내 안의 언어가 나를 짓는다	⋯ 256
60일	사건이 아니라 서사를 바꾸는 연습	⋯ 260
61일	비록 완벽하지 않았던 선택일지라도	⋯ 264
62일	나는 이미 충분히 괜찮은 사람	⋯ 268
63일	나와도 거리가 필요한 순간	⋯ 272
64일	외상 후 성장의 시간	⋯ 276
65일	무너진 날에도 삶은 계속된다	⋯ 280
66일	문제보다 더 큰 나	⋯ 284

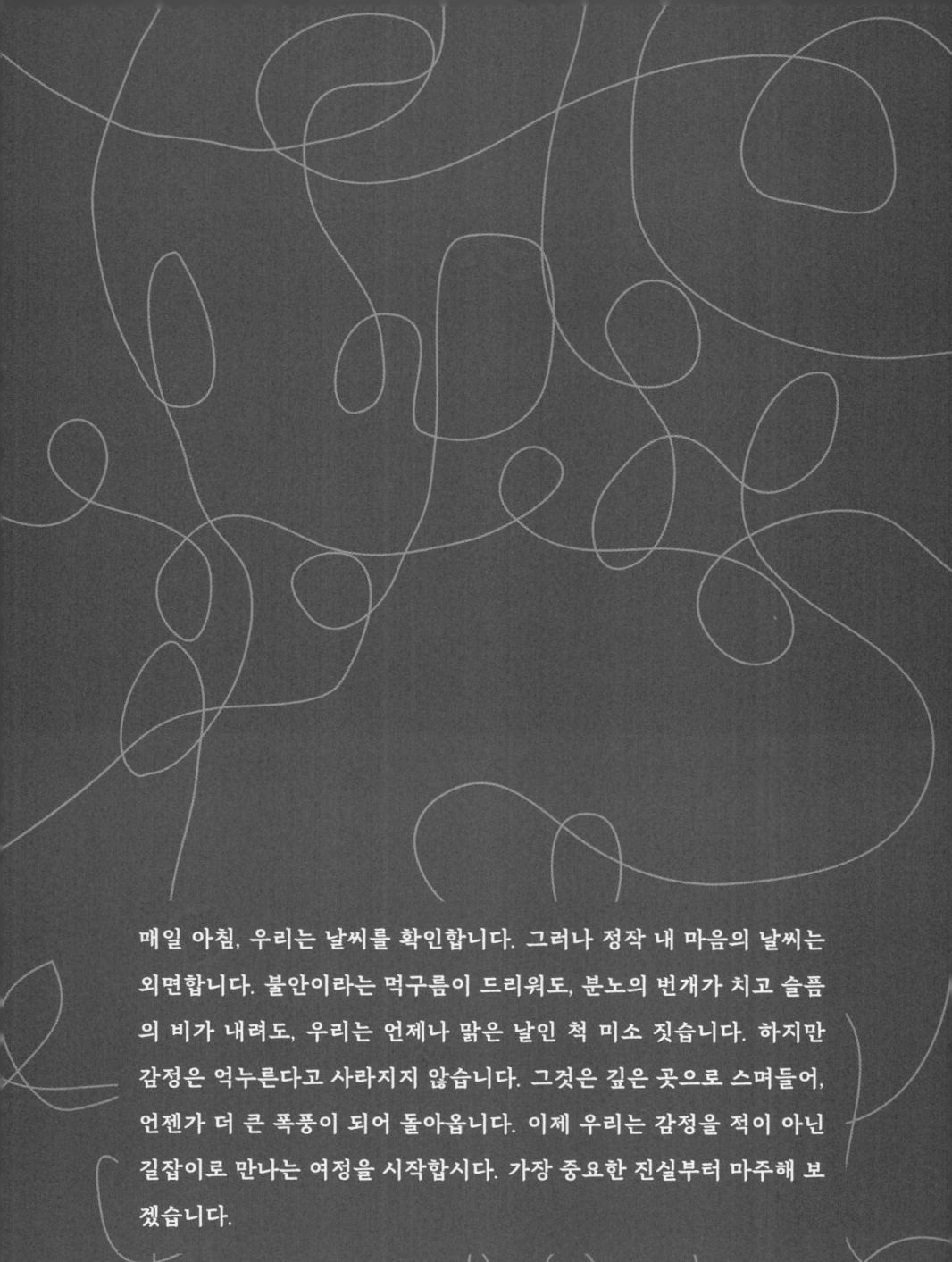

매일 아침, 우리는 날씨를 확인합니다. 그러나 정작 내 마음의 날씨는 외면합니다. 불안이라는 먹구름이 드리워도, 분노의 번개가 치고 슬픔의 비가 내려도, 우리는 언제나 맑은 날인 척 미소 짓습니다. 하지만 감정은 억누른다고 사라지지 않습니다. 그것은 깊은 곳으로 스며들어, 언젠가 더 큰 폭풍이 되어 돌아옵니다. 이제 우리는 감정을 적이 아닌 길잡이로 만나는 여정을 시작합시다. 가장 중요한 진실부터 마주해 보겠습니다.

1장

내 안의 감정과
마주하는 법

감정은 사라지지 않는다, 이해받기 전까지

저는 매일 제 마음에게 거짓말을 합니다.
외로움을 '괜찮아요'라고, 서운함을 '별일 아니에요'라고,
분노를 '스트레스'라고 번역했습니다.
그러는 동안 진짜 감정은 점점 흐려졌습니다.
감정을 있는 그대로 부르는 것,
그것이 제 마음을 지키는 첫걸음입니다.

정신과 의사의 따뜻한 조언

진료실에서 "요즘 어떻게 지내세요?"라고 물으면 대부분 "그냥 지내요"라고 답합니다. 우리는 감정을 다른 말로 바꾸는 데 익숙합니다. 서운함을 '괜찮아요'로, 외로움을 '별일 아니에요'로, 슬픔을 '견딜만해요'로 바꿔 말합니다.

우리는 큰 감정을 작은 말로 바꿉니다. 그래도 감정의 무게는 그대로입니다. 회피된 감정은 신체 증상으로 나타납니다. 두통, 소화불량, 불면증의 형태로요.

심리학자 매튜 리버먼Matthew D. Lieberman은 감정을 정확히 명명하면 뇌의 편도체 활성이 감소한다고 밝혔습니다. 감정의 이름을 부르는 것만으로도 그 감정이 조금씩 가라앉는다는 것입니다.

"괜찮아요" 대신 "서운해요"라고 말해 보세요. "견딜만해요" 대신 "슬퍼요"라고 말해 보세요. 감정의 진짜 이름을 부르는 순간, 막혔던 것이 흐르기 시작합니다. 당신이 괜찮다고 말할 때마다, 당신의 진짜 마음은 조금씩 멀어집니다.

"잘 모르겠어요" 대신
잠시 멈추고 진짜 감정을 찾겠다.

"괜찮아요" 대신
솔직한 마음을 한 단어로 말하겠다.

감정이 올라올 때
"지금 뭘 느끼지?"라고 스스로에게 묻겠다.

오늘 느낀 감정을 번역하지 않고
일기에 적겠다.

슬퍼도, 화나도, 외로워도
"이것도 나야"라고 인정하겠다.

오늘의 마음 처방전
질문 "괜찮아요" 대신 진짜 감정을 말했나요? (O / X)
미션 **30초 감정 찾기**

1. 지금 가슴에 손을 올리세요.
2. 처음으로 떠오르는 감정을 말해 보세요.

번역하지 않은 감정만이
진짜 나를 만납니다

2일 예민함을 인정하는 용기

회의실의 작은 한숨 소리가 하루 종일 맴돌고,
읽씹당한 메시지 하나에 밤잠을 설칩니다.
"너무 예민한 거 아니야?"라는 말이 마음에 남습니다.
저는 예민합니다. 하지만 압니다.
예민함은 고쳐야 할 병이 아니라,
세상을 더 깊이 읽는 나만의 언어라는 것을요.

정신과 의사의 따뜻한 조언

상사의 한숨 소리에 '내가 뭘 잘못했나' 며칠을 고민하고, 가족이 말이 없으면 '나 때문인가' 불안해하는 분들이 많습니다. 심리학자 일레인 아론 Elaine N. Aron은 인구의 15~20퍼센트가 '고도로 예민한 사람 Highly Sensitive Person, HSP'이라고 밝혔습니다. 이들의 뇌는 마치 고성능 안테나처럼, 남들이 놓치는 작은 신호까지 깊이 처리합니다.

한국은 '눈치'를 중시하면서도 "너무 예민하다"라는 말로 이를 약점처럼 봅니다. 섬세함을 요구하면서 동시에 무덤덤하기를 바라는 모순입니다.

예민함은 결함이 아니라 능력입니다. 위험을 먼저 알아차리고, 타인의 아픔에 진심으로 공감하는 능력입니다. "나는 섬세한 사람이다"라고 인정하는 순간, 예민함은 강점이 됩니다.

과도한 자극을 느낄 때
"10분만 쉬어 가자"라고 나에게 말하겠다.

"너무 예민해"라는 말을 들으면
"나는 섬세한 사람이야"로 바꿔 생각하겠다.

남과 비교하려는 마음이 들 때
"우리는 다른 책을 읽는 중"이라고 떠올리겠다.

하루에 한 번, 조용한 공간에서
아무것도 하지 않는 시간을 15분 갖겠다.

예민하게 느낀 순간을 일기에 적고
"이것도 나의 능력"이라고 마무리하겠다.

오늘의 마음 처방전

질문 나는 예민함을 부정하지 않고 있는 그대로 인정했나요? (O / X)
미션 **예민함 재정의하기**

1. 그때의 상황: _____
2. 남들이 말하는 라벨: _____
3. 내가 붙이는 새 이름: 나는 _____ 한 사람이다.
예 생각이 너무 많아. → 나는 깊이 성찰하는 사람이다.

예민함으로 나는
세상과 더 깊이 연결됩니다

불안은 내가 아직 나를 믿지 못한다는 신호

불안이 찾아올 때마다 저는 제 자신을 의심했습니다.
'내가 할 수 있을까?', '실패하면 어쩌지?'
끝없는 질문들이 머릿속을 맴돌았습니다.
이제야 깨달았습니다. 불안은 내가 나를
아직 온전히 믿지 못한다는 신호였습니다.
그래도 괜찮습니다. 자기 의심을 인정하는 것이
자기 확신으로 가는 길이니까요.

정신과 의사의 따뜻한 조언

"선생님, 저는 아무 이유 없이 불안해요." 진료실에서 가장 많이 듣는 말입니다. 아무 이유 없다고 하지만, 패턴이 있습니다. 발표 전, 어떤 결정을 앞두고, 새로운 만남 전, 일상에서도 '뭔가 잘못될 것 같은' 예감에 시달립니다.

심리학자 앨버트 반두라 Albert Bandura는 이를 '자기 효능감 Self-efficacy'으로 설명했습니다. 상황을 다룰 수 있다는 믿음이 부족할 때 불안이 커집니다. 불안한 사람들은 열 번 잘하고 한 번 실수하면, 그 한 번만 기억합니다. 마음속에 부정적인 것만 골라 담는 필터가 있는 것처럼요.

하지만 불안을 안고도 오늘을 시작한다는 것, 그 자체가 당신이 강하다는 증거입니다. 작은 성공도 기록해 보세요. 불안이 "넌 못해"라고 속삭일 때, 그 기록이 진실을 보여 줄 것입니다.

불안이 "넌 못해"라고 말할 때
"할 수 있어"라고 대답하겠다.

완벽하지 않아도
"이 정도면 충분해"라고 인정하겠다.

실수가 두려울 때
"실수도 과정이야"라고 관점을 바꾸겠다.

작은 성공도 "잘했어"라고
스스로를 격려하겠다.

오늘 하루, 의심보다 신뢰를 선택하겠다.

오늘의 마음 처방전

질문 오늘 나는 자기 의심 대신 자기 신뢰를 선택했나요? (O / X)
미션 작은 성공 3가지 쓰기

오늘 해낸 일을 3가지 이상 적어 보세요. 아주 작은 것도 좋습니다.

1.
2.
3.

불안해도 괜찮습니다.
당신은 이미 충분합니다

화가 날 때
화를 인정하는 법

4일

누군가 제 의견을 무시할 때, 부당한 대우를 받을 때,
분노가 찾아옵니다. 그동안 저는 화를 삼켰습니다.
착한 사람이어야 한다는 굴레 안에
정당한 감정을 가두었습니다.
그런데 분노는 제 경계선이 침범당했다는 위험 신호입니다.
스스로를 존중받아야 할 사람으로 기억하기 위해서는
화를 인정할 줄 알아야 합니다.

정신과 의사의 따뜻한 조언

화가 나는 것은 정상입니다. 오히려 부당한 일을 당하고도 화를 내지 못하는 것이 문제입니다.

한국 사회는 '참는 것이 미덕'이라 가르칩니다. 우리는 끝없이 참거나 갑자기 폭발하거나, 화를 대처하는 두 가지 방식만 알게 되었습니다. 차분히 불편함을 전하기, 단호하게 거절하기와 같은 이런 정당한 분노의 언어를 배울 기회가 없었습니다.

건강한 분노는 "나는 이렇게 대우받을 사람이 아니다"라는 자존감의 표현입니다. 정당한 분노를 잃어버린 곳에는 무기력만 남습니다.

분노를 표현하는 것과 느끼는 것은 다릅니다. 먼저 필요한 것은 '지금 화가 납니다'라고 인정하는 용기입니다.

화가 날 때 잠시 멈추고
무엇이 침범당했는가 스스로 묻겠다.

부당한 상황에서 "이건 옳지 않습니다"라고
침착하게 말하겠다.

"괜찮아요" 대신 "불편합니다"를 선택하겠다.

분노를 느껴도 나는 여전히
좋은 사람임을 기억하겠다.

오늘 하루, 나의 건강한 경계선을 지키겠다.

오늘의 마음 처방전

질문 오늘 나는 삼켜 버린 분노 대신 진짜 하고 싶었던 말을 떠올려 봤나요? (O / X)

미션 분노를 인정하는 3단계 연습

1. 최근 화났지만 참았던 순간을 떠올리기 : _____
2. 그때 정말 하고 싶었던 말 한 문장으로 적기 : _____
3. 이 분노가 지키려는 나의 소중한 가치 : _____

분노는 내 경계선을 지키는
신호등입니다

5일 슬픔은 사랑의 깊이를 알려 준다

슬픔이 찾아올 때마다 저는 빨리 털어 내려고만 했습니다.
일에 몰두하고 사람들을 만나며 슬픔을 덮으려 했습니다.
하지만 슬픔은 제가 얼마나
깊이 사랑했는지 보여 주는 증거입니다.
떠나간 것이 소중했기에 아픕니다.
슬픔을 서두르지 않겠습니다.
충분히 슬퍼할 시간을 허락하겠습니다.

정신과 의사의 따뜻한 조언

"선생님, 언제까지 슬퍼해야 하나요?" 진료실에서 자주 듣는 질문입니다. 오랜 시간이 지나도 생일이나 기일엔 슬픔이 찾아옵니다. 병이 아닙니다. 사랑의 흔적이죠. 슬픔은 사라지는 게 아니라 형태가 변합니다. 처음엔 날카로운 통증이지만, 시간이 지나면 잔잔한 그리움이 됩니다.

진짜 아파 본 사람은 타인의 작은 한숨도 알아차립니다. 상실을 겪은 사람은 평범한 일상이 얼마나 귀한지 압니다. 슬픔이 마음의 근육을 키우는 것입니다.

그러니 슬픔을 느끼면서도 일상을 유지하세요. 밥을 먹고, 잠을 자고, 햇빛을 보세요. 가슴이 먹먹할 때는 그 감각을 그대로 느껴 보세요. 눈물이 나면 흘려 보세요. 슬픔과 일상은 공존할 수 있습니다.

눈물이 날 때 참지 않겠다.

"빨리 극복해야 해" 대신
"천천히 애도하겠다"를 선택하겠다.

슬픔이 찾아올 때
무엇을 사랑했기에 이렇게 아픈가 물어보겠다.

하루 한 가지씩 작은 일상을 지켜 나가겠다.

슬픔이 주는 깊이를 받아들이겠다.

오늘의 마음 처방전
질문 오늘 나는 슬픔 속에서 내가 사랑했던 것을 발견했나요? (O / X)
미션 슬픔 인정하기

1. 지금 가슴에 손을 올리세요.
2. 가장 그리운 대상을 떠올리세요 : _____
3. "_____ 을(를) 사랑했기에 지금 슬픕니다."
   이 문장을 천천히 읽어 보세요.

슬픔을 허락할 수 있을 때
사랑은 완성됩니다

6일 그 어떤 감정도 느껴지지 않는다면

아무것도 느껴지지 않는 날들이 있습니다.
너무 많이 느끼고, 너무 깊이 상처받은 마음이
스스로를 지키기 위해 만든 대피소입니다.
기쁨도 슬픔도, 심지어 분노조차 사라진
텅 빈 공간에 서 있는 것처럼 느껴집니다.
많은 이들이 이 상태를 '고장'으로 오해합니다.
하지만 당신의 감정은 지금 깊은 땅속에서
쉬고 있을 뿐입니다.
씨앗이 겨울을 나듯, 때가 되면 다시 싹을 틔울 것입니다.
오늘은 그저 있는 그대로의 자신과 머물러 보세요.
그것만으로도 충분합니다.

"아무것도 느끼지 못하는 사람이 된 것 같아요"라고 말하는 사람들이 있습니다. 심리학에서는 이를 '정서적 소진 Emotional Exhaustion'이라고 부릅니다.

"아무 느낌이 없어요"라고 말하던 환자분이 있었습니다. 하지만 3개월 후, 그분은 다시 웃을 수 있게 되었습니다. 회복은 작은 감각부터 시작됩니다. 따뜻한 차의 온기, 아침 햇살의 눈부심 같은 것들이죠.

감정의 마비는 마음이 선택한 보호막입니다. 무감각은 실패가 아니라 재설정입니다. 우리는 감정과 존재를 동일시합니다. 하지만 감정이 없는 순간에도 당신은 여전히 당신입니다.

오늘은 그저 숨을 쉬고, 시간이 흐르게 두세요. 마음이 스스로 회복할 시간을 주는 것, 그것이 지금 당신이 할 수 있는 가장 중요한 일입니다.

무감각한 순간을 병이 아닌
쉼으로 받아들이겠습니다.

내 마음이 재설정되는 시간을
존중하겠습니다.

빨리 정상으로 돌아가야 한다는
압박을 내려놓겠습니다.

작은 감각 하나라도 알아차리면
그것으로 충분합니다.

이 감정의 침묵 속에서도
나는 온전한 나임을 기억하겠습니다.

오늘의 마음 처방전

질문 나는 감정의 공백을 판단 없이 받아들였나요? (O / X)

미션 감각 되찾기 3단계 연습

1. 찬물이나 시원한 표면에 손을 대고 30초간 그 느낌에 집중해 보세요.
2. 가장 좋아하는 음료를 한 모금 마시며 그 맛에 집중해 보세요.
3. 오늘 느낀 가장 작은 감각을 적어 보세요: _____

감정이 잠든 동안에도,
당신의 심장은 뛰고 있습니다

7일 감정이 휘몰아칠 때 해야 하는 일

어린 날 바닷가에서 파도를 처음 만났습니다.

무서워 도망쳤고, 맞서 싸웠고, 결국 넘어졌습니다.

지금도 감정이라는 파도 앞에서 저는 그때의 아이입니다.

하지만 이제는 압니다. 파도는 없앨 수 없다는 것을요.

살아 있는 한 감정은 끊임없이 밀려옵니다.

서퍼들은 파도의 힘을 빌려 더 멀리 나아갑니다.

감정이 휘몰아칠 때, 저는 숨을 고릅니다.

도망치지도 맞서지도 않고, 그저 함께 움직입니다.

정신과 의사의 따뜻한 조언

무감각에서 깨어나 감정이 다시 찾아왔다면, 이제는 그것과 함께 살아가는 법을 배울 때입니다. 회의 중 갑자기 심장이 쿵쾅거리고, 프레젠테이션 전날 밤 잠을 이루지 못하는 경험은 우리 모두의 일상입니다.

신경해부학자 질 볼트 테일러 Jill Bolte Taylor는 감정의 화학적 반응이 90초간 지속된다는 '90초 규칙'을 발견했습니다. 어떤 감정이든 그 생리적 반응은 90초를 넘지 않습니다. 90초, 신호등을 기다리는 시간입니다.

많은 사람들이 이 짧은 시간을 견디지 못합니다. 하지만 감정은 밀어낼수록 더 거세게 돌아옵니다. "진정해야 해"라고 다그치는 대신 "지금 불안하구나, 90초만 가만히 있어 보자"라고 말하세요. 천천히 호흡하며 그 시간을 견디는 것만으로 충분합니다.

넘어져도 다시 일어서면 됩니다. 그것이 감정과 함께 살아가는 법을 배우는 과정입니다.

감정의 파도가 밀려올 때,
'지금 여기'에 머물겠다.

"빨리 진정해야 해" 대신
"90초만 기다려 보자"를 선택하겠다.

넘어지는 것 또한 배움의 과정임을 기억하겠다.

감정을 적이 아닌 친구로 대하겠다.

감정과 함께한 경험이
나를 성장시킨다고 믿겠다.

오늘의 마음 처방전
질문 오늘 나는 감정의 파도와 함께 호흡했나요? (O / X)
미션 **90초 관찰법**

감정이 밀려올 때,

1. "지금 _____ 을 느낀다"라고 인정하기
   예 "지금 불안을 느낀다."
2. 시계를 보며 90초 동안 그 감정과 함께 머물기
3. 천천히 숨을 깊이 들이마시고 천천히 내쉬기

감정의 파도와 함께 움직일 때,
우리는 더 멀리 나아갑니다

8일 외로움이 밀려오는 순간

끊임없는 알림. 사람들로 가득한 퇴근길 지하철.
그런데도 마음은 텅 빈 것처럼 적막합니다.
외로움이 밀려올 때 저는 억누르지도,
무언가로 채우려 하지도 않습니다.
대신 조용히 묻습니다.
"지금 내가 정말 원하는 것은 무엇일까?"
사람들 속에 있어도 혼자인 것 같고,
매일 대화를 나누지만 아무도
내 이야기를 듣지 않는 것 같습니다.
하지만 이 외로움이야말로 우리 안에 진정한 만남을
바라는 마음이 아직 살아 있다는 뜻입니다.

정신과 의사의 따뜻한 조언

많은 이들이 사람은 자주 만나는데 오히려 외롭다고 합니다.

MIT 교수 셰리 터클Sherry Turkle은 《홀로 함께Alone Together》에서 디지털 연결의 역설을 지적했습니다. 메시지로는 자주 안부를 묻지만, 정작 만나서는 각자 휴대폰만 들여다봅니다.

'연결connection'과 '유대bonding'는 다릅니다. 연결은 접촉의 횟수지만, 유대는 접촉의 깊이입니다. 한국 사회는 늘 함께입니다. 회식과 모임이 끊이지 않고, 정을 나눈다고 하지만 정작 속마음은 꺼내기 어렵습니다. 우리는 서로를 김 대리, 박 과장으로 부르며 역할은 알지만, 그 사람이 새벽에 무슨 생각을 하는지는 모릅니다. 유대는 시간이 아니라 진정성이 만듭니다. 10년을 만나도 가면을 쓰고 있다면 연결일 뿐이지만, 단 한 번이라도 취약함을 나눈다면 그것이 진짜 유대의 시작입니다.

외로움의 해법은 더 많이 만나는 것이 아니라, 한 사람과라도 진짜로 만나는 것입니다. "오늘 좀 힘들었어"라는 말에 "그랬구나" 들어 줄 한 사람, 그것만으로도 충분합니다.

한 사람과라도 진짜 유대를 만들겠다.

형식적 안부보다 진심 어린 대화를 나누겠다.

만날 때는 휴대폰을 내려놓고
상대의 눈을 보겠다.

연결보다 유대를 추구하겠다.

'얼마나 자주'보다 '얼마나 진솔한지'를
더 중요시하겠다.

오늘의 마음 처방전

질문 오늘 나는 연결이 아닌 유대를 경험했나요? (O / X)
미션 유대감 점검하기

지난 한 주를 떠올려 보세요.

1. 최근에 "나 요즘…"으로 시작해서 속마음을 털어놓은 사람? _____
2. 내 말을 끊지 않고 끝까지 들어 준 사람? _____
3. 새벽에 연락해도 받아 줄 사람? _____

만약 3번이 떠오르지 않는다면, 1번이나 2번에 적은 사람에게 연락해 보세요.
거창한 만남이 아니어도 좋습니다.

외로움은 진짜 유대를
찾아가는 과정입니다

9일 — 의미를 잃은 공허함의 시간들

원하던 회사에 들어갔고, 사랑하는 사람과 결혼했고,
드디어 내 집도 샀습니다.
그런데 새벽에 문득 깨면 가슴이 텅 비었습니다.
아침 출근길, 똑같은 지하철, 똑같은 회의, 똑같은 퇴근.
바쁘게 하루를 채우지만 정작 나는 비어 갑니다.
잠들기 전 문득 묻습니다.
"이게 정말 내가 원한 삶이었나?"
무감각이 감정의 멈춤이라면,
공허감은 의미가 사라진 것입니다.
모든 걸 다 해도 아무것도 한 게 없는 기분.
이 텅 빈 자리가 오히려 진짜 나를 채울 공간인지도 모릅니다.

정신과 의사의 따뜻한 조언

"왜 사는지 모르겠어요." 진료실에 오는 환자들이 입버릇처럼 말합니다. 빅터 프랭클Viktor Frankl은 "의미를 찾으면 어떤 고통도 견딜 수 있다"라고 했습니다. 그는 현대인의 공허를 '실존적 진공Existential Vacuum'이라 불렀습니다. 먹고사는 문제가 해결되자, '왜 사는가'라는 질문이 남은 것입니다.

한국인의 공허감은 조금 다릅니다. 좋은 대학, 대기업, 결혼이라는 '정답'을 따라왔는데 정작 '내 답'은 없었습니다. 워라밸을 외치지만, 퇴근 후 넷플릭스를 켜 놓고도 뭘 봐야 할지 모르겠습니다.

공허함은 마음의 리셋 버튼일지도 모릅니다. 채울수록 더 비어 가는 역설처럼, 또 다른 스펙, 새로운 취미로는 메워지지 않습니다. 조용해지면 그제야 들립니다. 남의 박수 소리에 묻혔던 내 심장 소리가 말이지요.

작은 의미부터 시작하세요. 오늘은 매일 마시는 커피의 향을 음미해 보세요. 스쳐 지나는 동료에게 진심으로 "오늘 고생했어요"라는 한마디를 건네 보세요. 거창한 의미가 아니어도 됩니다. 작은 마음들이 모여 큰 의미가 됩니다.

회사 가는 이유를 월급 말고 하나 더 찾아보겠다.

하루 10분, 휴대폰 없이
오롯이 나와만 있어 보겠다.

오늘 한 일 중 가장 나다웠던 순간을 기억하겠다.

승진 대신 성장을, 연봉 대신 보람을
한 번쯤 생각해 보겠다.

마음이 공허할 땐 억지로 채우려 하지 않고
그저 비워두겠다.

오늘의 마음 처방전
질문 오늘 나는 공허함 속에서 작은 의미를 발견했나요? (O / X)
미션 공허함 들여다보기

1. 지금 이 순간, 가장 하기 싫은 일:
2. 그 일을 왜 하고 있나요? :
3. 정말로 하고 싶은 것:

공허함은 비어 있음이 아니라,
아직 발견하지 못한 충만함입니다

10일 — 모든 것이 내 잘못인 것 같을 때

하루에도 열 번은 "죄송합니다"를 말합니다.
엘리베이터에서 눈이 마주쳐도, 전화를 먼저 끊을 때도,
도움을 받을 때도 죄송하다는 말이 먼저 나옵니다.
부모님 말씀을 거역하면 불효자가 된 것 같고,
회식에 빠지면 팀워크를 깨뜨린 것 같습니다.
친구의 부탁을 거절하면 며칠을 괴로워합니다.
나 때문에 누군가 힘들어할까 봐 늘 제 마음을 뒤로 미룹니다.
하지만 모든 것이 내 탓은 아닙니다.
미안함은 우리를 성장시키지만, 죄책감은 우리를 가둡니다.
오늘부터 이 무거운 짐을 하나씩 내려놓겠습니다.

정신과 의사의 따뜻한 조언

이렇게 말하는 사람이 있습니다. "다 제 탓인 것 같아요. 제가 더 잘했어야 했는데…" 미안함과 죄책감은 다릅니다. 미안함은 '내가 실수했구나'라는, 행동에 대한 반성입니다. 그런데 죄책감은 '나는 나쁜 사람이야'라는, 존재 자체를 부정하는 마음입니다.

우리는 '나'보다 '우리'를 먼저 배웠습니다. 폐 끼치지 말라는 말을 들으며 자랐습니다. 실수 하나에도 자신의 전부를 의심합니다. 부모님께 용돈을 못 드리면 불효자, 야근을 거부하면 이기적인 직원이 됩니다. 하지만 건강한 '우리'는 건강한 '나'들이 모여 만들어집니다.

진짜 내 책임과 내 책임이 아닌 것을 구분해 보세요. 팀 실적이 나쁜 건 당신 혼자 탓이 아닙니다. 부모님의 기대에 못 미친다고 나쁜 자식도 아닙니다. 타인의 감정과 선택은 그들이 감당할 몫입니다.

"죄송합니다"를 "감사합니다"로 바꿔 보세요. "기다리게 해서 죄송해요" 대신 "기다려 주셔서 감사해요"라고 얘기하세요. 말을 바꾸면 마음이 조금씩 가벼워집니다.

남의 감정은 내가 해결할 수 없음을 인정하겠다.

"죄송해요" 대신 "감사해요"를 먼저 말하겠다.

실수는 인정하되, 나라는 존재를 부정하지는 않겠다.

하루 한 번, '괜찮아, 잘하고 있어'라고
스스로를 위로하겠다.

통제할 수 있는 것과 없는 것을 명확히 구분하겠다.

오늘의 마음 처방전

질문 오늘 나는 불필요한 죄책감을 내려놓았나요? (O / X)

미션 죄책감 점검하기

1. 최근 가장 죄책감을 느낀 일 : _____
2. 내 실제 책임은 몇 점일까? (0 = 책임 없음, 10 = 전적인 책임) : _____ 점
3. 지금 내가 할 수 있는 일 하나 : _____

미안함은 성장의 씨앗이지만,
죄책감은 나를 가두는 감옥입니다

감정 일기, 매일 나를 기록하는 시간

11일

잠들기 전 저는 종이 앞에 앉습니다.
하루 동안 마음에 남은 감정을 적습니다.
작은 화도 상처도 기쁨도 모두 적습니다.
완성되지 않은 문장조차 제 감정입니다.
감정 일기는 내 마음의 지도입니다.
반복되는 패턴을 발견하고,
감정의 원인을 이해하게 됩니다.
쓰지 않은 마음은 돌처럼 굳지만,
쓰는 순간 다시 흐르기 시작합니다.

매일 같은 일상인데 감정은 요일마다 다릅니다. 감정 일기를 쓰다 보면 이런 패턴이 보입니다. 번아웃으로 찾아온 어느 환자분은 처음엔 '모르겠다'만 적었습니다. 일주일 후 '피곤하다'가 나왔고, 한 달 후에는 패턴이 드러났습니다. 월요일엔 '불안', 수요일엔 '짜증', 금요일엔 '지친 안도감'. 감정에도 시간표가 있었습니다.

'화가 난다'라고 쓰는 것과 화에 휩싸이는 것은 다릅니다. 적는 순간 우리는 감정을 겪는 사람에서 감정을 관찰하는 사람이 됩니다. 감정의 이름을 아는 것도 중요하지만, 더 중요한 건 그 감정이 언제 어떻게 찾아오는지 아는 것입니다.

못 쓴 날이 있어도 괜찮습니다. "어제도 못 썼네"가 아니라 "오늘은 쓰자"이면 됩니다. 단어 하나로도 충분합니다. '피곤', '좋음', '복잡함' 이런 단순한 기록들이 쌓이면 당신만의 감정 지도가 완성됩니다.

매일 밤 10시, 5분간
오늘의 감정 3가지를 노트에 적겠다.

"모르겠다"도 하나의 상태로 인정하고 기록하겠다.

감정을 좋고 나쁨으로 판단하지 않고
있는 그대로 관찰하겠다.

일주일 후 기록을 읽으며
나만의 감정 패턴을 찾아보겠다.

빠진 날이 있어도 자책 없이
오늘부터 다시 시작하겠다.

오늘의 마음 처방전
질문 오늘 나는 감정을 기록했나요? (O / X)
미션 감정 일기 쓰기

지금 바로 시작해 보세요.

1. 오늘 가장 강했던 감정 : _____
2. 그때 몸의 감각 : _____
   예 가슴이 답답했다, 어깨가 무거웠다
3. 한 줄 정리 : "오늘 나는 _____ 때문에 _____ 했다."
   예 "오늘 나는 회의 때문에 긴장했다."

매일의 기록이
나를 이해하는 길이 됩니다

매일 우리는 흠집을 가립니다. 실수는 지우고, 실패는 감추고, 상처는 덮습니다. 완벽해야만 가치 있다고 믿습니다. 일본에는 킨츠기라는 기법이 있습니다. 깨진 도자기를 금가루로 메웁니다. 균열이 도자기를 더 귀하게 만듭니다. 우리 안의 균열도 그렇습니다. 감추려 할수록 우리는 작아지지만, 그것을 드러내고 받아들일 때 온전해집니다. 이제 우리는 불완전한 나를 적이 아닌 친구로 만나는 시간을 시작합니다. 가장 아름다운 진실부터 마주해 보겠습니다.

2장

◆

불완전한 나를
껴안기

12일 완벽해야만 사랑받을 수 있다는 착각

99점을 받고도 1점의 빈자리만 봅니다.
회의 자료를 열 번 검토하고도 불안합니다.
이메일 한 통 보내는 데 30분이 걸립니다.
한 글자라도 완벽하지 않으면 시작조차 못 합니다.
"더 잘할 수 있잖아"라는 말이 제 안의 기준이 되었습니다.
완벽하지 않으면 가치가 없다고 믿게 되었습니다.
하지만 실수와 부족함은 내가 성장할 공간입니다.

정신과 의사의 따뜻한 조언

"선생님, 보고서 첫 문장을 열 번 썼다 지웠어요."

매일 아침 눈을 뜨자마자 오늘 할 일을 떠올리며 벌써 지칩니다. 완벽한 준비를 기다리다 기회를 놓칩니다.

완벽주의의 본질은 역설적입니다. 높은 기준처럼 보이지만, 실제로는 실패에 대한 두려움입니다. 비판받을까 봐, 사랑받지 못할까 봐, 그 두려움이 우리를 '준비 중'에 가둬 버립니다.

우리 사회는 특히 이런 압박이 심합니다. "대충하면 안 돼", "남에게 흠 잡힐 일을 만들지 마." 실수를 용납하지 않는 문화 속에서 우리는 차라리 시도하지 않는 쪽을 택합니다.

심리학자 배리 슈워츠Barry Schwartz는 《선택의 역설The Paradox of Choice》에서 극대화자Maximizer보다 만족자Satisficer가 더 행복하다고 밝혔습니다. 최선이 아닌 충분함을 선택하는 지혜입니다.

완벽을 기다리는 사람은 아무것도 시작하지 못합니다. 하지만 '이 정도면 괜찮아'라고 생각하는 사람은 열 개를 시도해서 일곱 개를 얻습니다. 못한 세 개를 자책하는 대신 해낸 일곱 개를 인정하는 것, 그게 단단한 자존감을 만드는 비결입니다.

오늘은 시작하는 것만으로도 충분하다.

과정 자체를 즐기는 여유를 가지겠다.

실수는 나의 스승이라고 받아들이겠다.

남과 비교하지 않고 어제의 나와 비교하겠다.

완벽한 하루보다 완성한 하루를 살겠다.

오늘의 마음 처방전

질문 오늘 완벽하지 않아도 괜찮다고 생각했나요? (O / X)

미션 10분 타이머 실험

1. 지금 미뤄 둔 일 하나를 고르세요 : _____
2. 타이머를 10분 맞추고 일단 시작하세요.
3. 10분 후 느낌을 한 단어로 표현한다면? : _____
   예 가벼움, 시원함, 뿌듯함

완벽한 시작은 없습니다.
모든 걸작은 서툰 첫 줄에서 시작되었습니다

13일 — 타인의 시선이 나를 가두었을 때

새 직장 첫날, 사무실 문 앞에서 멈춥니다.

'들어가서 어떻게 인사하지?', '어색해 보이면 어쩌지?'

SNS에 사진 올리기 전, 열 번을 고민합니다.

엘리베이터에서 눈이 마주치면 괜히 휴대폰을 봅니다.

혼자 밥 먹을 때 다른 사람들의 시선이 따갑습니다.

남들이 나를 어떻게 볼까, 이 질문이 하루를 지배합니다.

하지만 타인의 시선은 그들의 렌즈일 뿐,

나의 본질이 아닙니다.

많은 사람들이 타인의 시선에 갇혀 삽니다. 옷을 고를 때도, 메뉴를 정할 때도, 직업을 선택할 때도 남들이 뭐라고 할까를 먼저 생각합니다.

우리는 어릴 때부터 "튀면 안 돼", "분위기 깨지 마"라는 말을 들으며 자랐습니다. 체면과 눈치가 중요한 문화 속에서 타인의 평가는 곧 나의 가치가 되어 버렸습니다. 그래서 진짜 원하는 것보다 남들이 인정하는 걸 선택합니다.

심리학에서 말하는 '조명 효과 Spotlight Effect'를 아시나요? 실제보다 과도하게 주목받는다고 느끼는 현상입니다. 사실 사람들은 각자 자기 삶에 집중하느라 우리가 생각하는 만큼 우리를 주시하지 않습니다.

타인의 시선에 갇힌다는 건 내 기준이 아닌 남의 기준으로 산다는 뜻입니다. 그렇게 살면 백 점을 받아도 내 점수가 아닙니다. 진짜 자존감은 내 기준으로 나를 평가할 때 생깁니다.

당신 안에는 이미 답이 있습니다. 타인의 목소리가 시끄러울 때, 잠시 멈추고 물어보세요. "나는 정말 무엇을 원하는가?" 그 작은 목소리가 당신 삶의 진짜 방향입니다.

남의 시선보다 내 마음의 소리를 먼저 듣겠다.

모든 사람을 만족시킬 수 없음을 받아들이겠다.

'이상하면 어때'라고 생각하는 용기를 내겠다.

남들과 다른 선택도 괜찮다고 생각하겠다.

오늘은 남의 기준 대신 내 기준으로 선택하겠다.

오늘의 마음 처방전

질문 오늘 타인의 시선 대신 내 마음을 따랐나요? (O / X)

미션 나의 선택 점검하기

1. 최근 남의 눈치 때문에 포기한 것 : ＿＿＿＿＿＿＿＿＿＿
2. 내가 그것을 원했던 진짜 이유 : ＿＿＿＿＿＿＿＿＿＿
3. 작지만 용기 있는 한 걸음 : ＿＿＿＿＿＿＿＿＿＿

타인의 평가는 타인의 것,
당신의 가치는 당신의 것

우울은 게으름이 아니다

14일

오늘도 양치질을 할지 말지
세면대 앞에서 한참 고민했습니다.
아침에 뭘 입을지 정하지 못해
옷장 앞에서 20분이 흘렀습니다.
점심 메뉴를 고르다가 그냥 굶기로 했습니다.
예전엔 생각 없이 했던 모든 선택이 이제는 너무 벅찹니다.
'의욕이 없는 게 아니라 게으른 거 아니야?'
스스로도 의심합니다.
하지만 숨 쉬는 것만으로도 온 힘을 다하고 있습니다.
우울은 게으름이 아닙니다.
발목에 쇳덩이를 매단 채 걷는 사람에게
왜 느리냐고 묻는 것과 같습니다.

우울증은 길을 볼 수 없게 만듭니다. 한 치 앞이 보이지 않습니다. 많은 분들이 우울증을 단순한 기분 저하로 이해합니다. 하지만 핵심은 무감동anhedonia입니다. 즐거움을 느끼는 능력 자체가 마비됩니다. 좋아하던 드라마도 재미없고, 친한 친구를 만나도 공허하며, 맛있던 음식도 종이를 씹는 것 같습니다.

우울증은 뇌의 생화학적 변화로 나타납니다. 세로토닌, 도파민, 노르에피네프린의 불균형. 의지로는 조절할 수 없습니다.

한 환자분이 말했습니다. "흑백 영화를 보는 것 같았어요. 치료받으면서 조금씩 색이 돌아왔어요."

중요한 건 당신이 지금도 해내고 있다는 겁니다. 침대에서 일어나 화장실까지 걸어간 그 몇 걸음. 누군가에겐 그게 가장 힘든 일입니다.

오늘 하루를 견딘 것만으로도
충분하다고 인정하겠다.

나만의 속도가 있음을 받아들이겠다.

도움을 청하는 것이 용기임을 기억하겠다.

작은 선택 하나라도
스스로 결정했음에 의미를 두겠다.

회복은 직선이 아니라 나선형임을 이해하겠다.

오늘의 마음 처방전

질문 오늘 무거운 마음 속에서도 한 가지 선택을 해냈나요? (O / X)
미션 작은 승리 인정하기

지금 이 순간, 당신이 해낸 것 하나를 적어 보세요. 아무리 작아 보여도 괜찮습니다.
우울의 무게를 아는 사람은 그게 얼마나 대단한 일인지 압니다.

"오늘 나는 _____ 했다."
  예 이불을 개었다, 물 한 잔을 마셨다, 날씨를 확인했다, 휴대폰을 충전했다,
      이 페이지를 펼쳤다

오늘 당신이 한 가장 중요한 일은
살아 있기를 선택한 것입니다

끊임없이 생각을 되풀이하는 사람들

스물의 지혜, 서른의 경험, 그 나이의 두려움과 희망.
그것만으로 최선을 다했습니다.
완벽하지 않았지만, 그것이 그 순간의 진실이었습니다.
다만 그때는 지금과 다른 지도를 들고 있었을 뿐입니다.
과거를 이해한다는 것은 그때의 내가 가진 지도로는
그 길밖에 갈 수 없었음을 받아들이는 일입니다.

과거를 자주 떠올리는 사람들은 정신적으로 지쳐 갑니다. 몸은 소파에 누워 있지만, 머릿속에서는 10년 전, 5년 전, 작년의 선택을 끊임없이 되감고 재생합니다. 한 가지 후회가 다른 후회를 불러옵니다. 인생 전체가 잘못된 선택의 연속처럼 보입니다.

심리학에서는 이를 '반추Rumination'라 부릅니다. 뇌가 같은 트랙을 계속 도는 것처럼, 똑같은 생각을 끊임없이 되풀이하는 겁니다. '그때 다르게 했더라면'이라는 문장이 하루에도 수십 번 떠오릅니다. 이것이 우울과 후회가 만나는 지점입니다. 우울의 무거움에 정신적 반추가 더해지면, 에너지는 과거를 되새기는 데만 소진됩니다.

이 에너지의 방향을 바꾸는 것이 중요합니다. '그때 다르게 했다면'을 '지금부터 무엇을 할까'로 바꾸면 막혔던 에너지가 흐르기 시작합니다. 과거를 생각하는 에너지를 현재의 행동으로 전환하는 것, 그것만으로 충분합니다.

과거를 떠올릴 때마다
'그래서 지금 뭘 할까'를 묻겠다.

반추가 시작되면 일어나서 한 가지 행동을 하겠다.

후회하는 시간을 줄이고 준비하는 시간을 늘리겠다.

어제는 지나간 이야기,
오늘이 진짜 내 삶이라고 생각하겠다.

과거의 아픔을 현재의 지혜로 바꾸겠다.

오늘의 마음 처방전

질문 오늘 나는 후회를 행동으로 전환했나요? (O / X)
미션 에너지 방향 바꾸기

1. 최근 자주 떠오르는 후회 : _____
2. 그것이 가르쳐 준 교훈 : _____
3. 오늘 당장 시작할 행동 : _____

예 후회 : 몇 년 전 포기한 자격증 시험, 교훈 : 꾸준함이 재능보다 중요하다,
　 행동 : 문제집 한 페이지 풀기

과거를 생각하는 에너지로
현재를 살 수 있습니다

16일 상처를 새롭게 해석하는 법

열 살 때 넘어져 생긴 무릎의 흉터를 봅니다.
스무 살에 실연으로 울던 밤을 기억합니다.
서른에 실직했던 겨울이 떠오릅니다.
저는 오랫동안 이 흔적들을 지우려 했습니다.
완벽하지 않은 인생인 것처럼 느껴졌으니까요.
하지만 이 흔적들은 제가 살아 낸 증거였습니다.
오늘 저는 이 흔적들을 다르게 읽습니다.
약함이 아니라 회복력의 증거로요.

많은 분들이 자신의 흉터를 보며 스스로를 부족한 사람이라고 여깁니다. 정신과 의사 베셀 반 데어 콜크Bessel van der Kolk는 《몸은 기억한다》에서 트라우마가 단순한 심리적 기억이 아니라 온몸에 각인되는 것이라 설명했습니다. 가슴이 조이고, 어깨가 굳고, 호흡이 얕아지는 것. 이 모든 신체 반응이 우리 몸이 상처를 기억하는 방식입니다.

심리학에서는 '슈퍼 서바이버Super Survivor' 현상을 연구합니다. 슈퍼 서바이버는 트라우마를 겪은 후 상처를 통해 예상치 못한 강점을 발견한 사람들을 말합니다. 바로 자신 안에 있던 회복력을 발견하는 것이죠.

30대 여성 환자분이 있었습니다. 이혼 후 3년이 지났지만 여전히 아프다고, 그런데 다만 이제는 그 상처에 압도되지 않는다고 했습니다. 상처는 우리를 부수러 온 게 아닙니다. 몰랐던 나를 새롭게 발견하게 해 주는 도구입니다.

오늘 일어난 작은 좌절에서도 배울 점을 찾겠다.

몸이 기억하는 긴장을 알아차리고
숨을 깊이 쉬겠다.

내 상처가 준 교훈을 떠올리겠다.

상처받은 나를 비난하는 대신 따뜻하게 보듬겠다.

나는 완벽하지 않아도
충분히 가치 있음을 인정하겠다.

오늘의 마음 처방전
질문 당신의 옛 상처를 새롭게 해석했나요? (O / X)
미션 상처가 남긴 교훈 떠올리기

가장 아팠던 경험 하나를 떠올리고, 그것이 가르쳐 준 것을 적어 보세요

: _____

예 배신 → 진짜 친구를 알아보는 눈을 얻었다.
　　실패 → 포기하지 않는 끈기를 배웠다.
　　질병 → 건강한 날들의 소중함을 알았다.

상처를 새롭게 읽는 법을 배우면,
아픔도 나의 일부가 됩니다

17일 나를 아프게 했던 말을 떠나보내기

"넌 왜 항상 그래?", "너무 예민해서 문제야."
타인의 목소리가 먼저 들립니다.
실수할 때마다, 망설일 때마다 다른 사람의 말을
내가 스스로에게 하고 있는 모습을 발견했습니다.
하지만 그들이 던진 말은 나의 본질이 아닙니다.
오늘 나는 타인이 붙인 이름표를 떼고,
내가 정한 이름으로 나를 부릅니다.

정신과 의사의 따뜻한 조언

"자신에게 가장 자주 하는 말이 무엇인가요?" 진료실에서 이렇게 물으면, 놀랍게도 대부분 타인의 목소리를 들려줍니다. "어릴 때부터 들었어요. '넌 뭘 해도 어설퍼'라고요." 30년이 지났는데도 그 목소리는 자동 재생됩니다.

심리학자 크리스틴 네프Kristin Neff는 자기연민Self-Compassion 연구에서 우리의 내면 비판 상당 부분이 타인의 평가를 내면화한 것이라고 밝혔습니다. 체면과 비교가 일상인 문화에서는 "남들은 다 하는데"라는 말이 평생의 기준이 됩니다.

40대 변호사 한 분은 "난 항상 부족해"라는 말을 습관처럼 반복했습니다. 98점을 맞아도 아버지는 2점을 왜 놓쳤냐고 하셨다고 합니다.

어린 시절 우리는 부모님과 선생님의 말을 '진실'로 받아들입니다. 생존을 위해 그들의 인정이 필요했으니까요. 하지만 타인의 평가는 그들의 불안을 드러낼 뿐, 당신의 가치를 규정하지 못합니다.

비판이 들릴 때,
사실인가, 의견인가를 구분하겠다.

타인의 비판도 그들의 불안에서 왔음을 이해하되,
그 말을 내 정체성으로 삼지 않겠다.

하루 한 번 거울을 보며
나에게 따뜻한 말을 들려주겠다.

과거의 평가가 아닌 현재의 성장을 보겠다.

내 삶의 주인공은 나임을 매일 확인하겠다.

오늘의 마음 처방전

질문 오늘 나는 내 안의 타인의 목소리를 알아차렸나요? (O / X)
미션 목소리를 바꾸는 연습

1. 스스로에게 자주 하는 비판 : _____
2. 이 말을 어린 시절의 나에게 할 수 있나요? (O / X)
3. 어린 나에게 어떤 말을 해 주고 싶나요? : _____

예 "넌 너무 느려." → "천천히 가도 괜찮아. 네 속도가 정답이야."

타인이 써 준 대본을 덮고,
오늘부터 내 이야기를 씁니다

18일 — 두려움을 느끼는 이유

무대에 오르기 전의 긴장과
사랑하는 사람을 만나기 전의 설렘은 같습니다.
심장은 구별하지 못합니다, 두려움인지 기대인지.
두려움은 내가 무엇을 원하는지 알려 줍니다.
간절함이 있는 곳에 두려움도 있습니다.

정신과 의사의 따뜻한 조언

두려움의 신체 반응(심장박동, 긴장, 식은땀 등)은 우리가 무엇을 소중히 여기는지를 보여 줍니다. 심리학자 스탠리 샥터Stanley Schachter와 제롬 싱어Jerome Singer는 동일한 신체 각성이라도 해석에 따라 두려움이 될 수도, 설렘이 될 수도 있다고 밝혔습니다. 면접장 앞에서 느끼는 심장박동을 "나는 불안해"가 아닌 "나는 이 일을 정말 원하는구나"로 해석할 때, 두려움은 동력이 됩니다.

진료실에서 발견한 게 있습니다. 겁이 많다고 말하는 분들은 실은 욕망이 많은 사람들입니다. 승진을 원하니 평가가 두렵고, 사랑받고 싶으니 거절이 무섭고, 인정받고 싶으니 실수가 두렵습니다. 두려움이 많다는 건 당신이 많은 것을 원하고 있다는 뜻입니다.

두려움의 크기만큼

내 욕망도 크다는 걸 인정하겠다.

긴장을 약함이 아닌

간절함의 증거로 받아들이겠다.

두려움을 피하는 대신

그것이 가리키는 방향을 살피겠다.

두려움과 함께 걸어도 괜찮다고 나를 다독이겠다.

오늘 나는 두려움 너머의

가능성을 향해 한 걸음 내딛겠다.

오늘의 마음 처방전

질문 오늘 당신을 가장 긴장하게 한 것은 무엇이었나요?
미션 두려움 속 간절함 찾기

지금 가장 두려운 일을 하나 떠올려 보세요.

1. 최근 일주일 중 가장 긴장되었던 순간: _____
2. 그때 내 몸의 반응: _____
   예 심장박동, 손떨림, 식은땀
3. 이 긴장이 알려 주는 나의 진짜 욕망: _____

떨리는 손으로 문을 여는 순간,
진짜 삶이 시작됩니다

19일 후회가 나를 잠식할 때

저는 매일 밤 '그때 다르게 했더라면'이라는
생각에 잠을 설칩니다.
3년 전 거절한 제안, 10년 전 놓친 기회.
선택하지 않은 길들이 그림자처럼 저를 찾아옵니다.
하지만 그 선택에도 이유가 있었습니다.
그때의 제가 감당할 수 있는 최선이었습니다.
선택하지 않은 길보다 중요한 것은,
내가 선택한 길에서 발견한 것들입니다.

정신과 의사의 따뜻한 조언

심리학자 대니얼 카너먼Daniel Kahneman은 '후견 편향Hindsight Bias'을 발견했습니다. 결과를 알고 나면 처음부터 예측 가능했다고 착각하는 현상입니다. 시험에 떨어지고 나서야 "그때 그 문제집을 풀었어야 했는데"라고 생각하지만, 당시엔 그게 최선이었습니다.

한 환자분은 15년 전 유학을 포기한 걸 계속 후회했습니다. 상담을 거듭하며 그분은 깨달았습니다. 그 선택으로 투병 중인 어머니와 마지막 시간을 함께했고, 지금의 가족을 만났다는 것을요.

우리는 현재의 지식으로 과거를 재판합니다. 하지만 선택의 무게는 놓친 기회가 아니라, 그 선택이 만든 현재의 가치에서 측정됩니다. "만약에"를 "덕분에"로 바꿀 때, 후회는 감사가 됩니다.

후회는 과거가 아직 당신에게 의미가 있음을 말합니다. 그 의미를 지금 이 순간의 지혜로 바꾸는 것, 그게 진짜 과거와 화해하는 법입니다.

'만약에'를 '덕분에'로 바꿔 읽겠다.

그때의 나도 최선을 다했음을 인정하겠다.

어제의 아쉬움을 내일의 지혜로 바꾸겠다.

놓친 것을 되새기기보다 얻은 것에 감사하겠다.

지금 이 순간의 선택에 온전히 집중하겠다.

오늘의 마음 처방전
질문 오늘, 과거의 선택이 준 선물을 발견했나요? (O / X)
미션 후회를 감사로 바꾸기

가장 후회하는 선택을 하나 떠올려 보세요.

1. 그때의 선택 : _____
2. 그 덕분에 얻은 것 : _____
3. 그것이 가르쳐 준 것 : _____

누구나 후회합니다. 그러나 최선을 다했으니,
그것으로 됐습니다

실패를 어떻게 바라보고 있는가

면접에서 떨어진 날, 모든 것이 무너졌습니다.
그날 저녁, 책상 위 물컵을 보았습니다.
정면에서는 원이었지만,
옆으로 돌아서니 직사각형이 되었습니다.
제가 보는 실패의 모양도
제가 서 있는 위치가 만든 것이라는 걸 깨달았습니다.
각도를 바꾸는 순간, 실패의 의미가 달라졌습니다.

정신과 의사의 따뜻한 조언

세 번의 창업 실패, 다섯 번의 면접 탈락. 실패가 쌓이면 '나는 뭘 해도 안 돼'라는 생각이 굳어집니다.

심리학자 앨버트 엘리스Albert Ellis는 합리적 정서 행동 치료REBT, Rational Emotive Behavior Therapy에서 ABC 모델을 제시했습니다. A는 사건Activating event, B는 믿음Belief, C는 결과Consequence입니다. 같은 사건(A)도 어떤 믿음(B)으로 해석하느냐에 따라 결과(C)가 달라집니다. 예를 들어, 면접 탈락(A)이라는 사건은 하나입니다. 하지만 "나는 무능해(B)"로 해석하면 우울과 회피(C)가 오고, "이 회사와 안 맞았어(B)"로 해석하면 다음 기회의 준비(C)로 이어집니다.

어느 환자 한 분은 승진 탈락 후 "10년을 바쳤는데 배신당했다"라는 생각에 6개월간 출근길이 고통이었습니다. 상담에서 우리는 이 사건을 다시 봤습니다. 그분은 결국 자신에게 맞는 일을 찾아 이직했고, 1년 후 "그때 승진에서 떨어진 게 삶의 전환점이었다"라고 말했습니다.

각도는 선택입니다. 실패는 변하지 않지만, 당신이 서는 위치는 당신이 정합니다.

"나는 실패했다" 대신
"이 방법은 통하지 않았다"로 생각하겠다.

벽에 막혔다고 느낄 때,
물러서서 전체를 바라보겠다.

실패의 순간뿐 아니라
그 전과 후의 흐름도 함께 보겠다.

"나는 무능해" 대신
"다른 각도에서는?"이라고 묻겠다.

내가 서는 위치가
내가 보는 세계를 만든다는 걸 기억하겠다.

오늘의 마음 처방전
질문 오늘 나는 실패를 한 가지 각도만이 아니라, 여러 시점에서 바라봤나요? (O / X)
미션 세 가지 렌즈로 보기

최근의 실패 하나를 떠올려 세 가지 렌즈로 적어 보세요.

1. 클로즈업 렌즈(지금 이 순간) → 어떤 감정이 드는지 적어 보세요

    : _____

2. 광각 렌즈(전체 맥락) → 이 실패 전후에 무슨 일이 있었는지 적어 보세요

    : _____

3. 망원 렌즈(미래에서 보기) → 1년 후엔 이것을 어떻게 기억할지 적어 보세요

    : _____

벽은 여전히 벽입니다.
하지만 당신이 한 걸음 옆으로 움직이면,
그것은 문이 됩니다

21일 모자람이 이끄는 길

회의실에서 질문을 삼킨 적이 있습니다.
'이런 걸 물어보면 무식해 보이지 않을까?'
모르는 것을 인정하는 게 두려웠습니다.
하지만 "나는 못해"와 "나는 아직 못해",
단 하나의 단어 차이가 완전히 다른 세상을 열어 줍니다.
전자는 문을 닫지만, 후자는 가능성을 열어 둡니다.
'아직'이라는 말 속에 모든 미래가 있습니다.

정신과 의사의 따뜻한 조언

많은 분들이 비슷한 경험을 합니다. 다 아는 척해야 인정받는다고 생각하며 질문을 삼킵니다. 모르는 걸 인정하면 무능해 보일까 봐 두렵습니다.

심리학자 캐롤 드웩Carol Dweck은 이를 '고정 마인드셋Fixed Mindset'과 '성장 마인드셋Growth Mindset'으로 구분했습니다. 고정 마인드셋을 가진 사람은 능력을 타고나는 것으로 보는 반면, 성장 마인드셋을 가진 사람은 능력을 계속 발전시킬 수 있다고 믿습니다. 실수를 한계의 증거로 볼지, 배움의 과정으로 볼지는 이 차이에서 나옵니다.

진료실에서 발견한 게 있습니다. "저는 원래 이래요"라고 말하는 분들은 변화를 시도조차 하지 않습니다. 반면 "시간이 필요할 뿐이에요"라고 말하는 분들은 한 달 뒤 눈에 띄게 달라져 있습니다. '원래'는 과거에 묶이지만, '아직'은 미래를 엽니다.

못한다고 단정하는 순간 모든 가능성이 닫힙니다. 하지만 아직 못할 뿐이라고 여기는 순간 문이 열립니다. 당신의 부족함은 결함이 아니라 성장으로 가기 위한 여백임을 잊지 않았으면 좋겠습니다.

모자란 채로도 한 걸음 더 나아가겠다.

'아직'이라는 가능성을 품고 살겠다.

배울 것이 남아 있음에 감사하겠다.

질문하는 용기를 잃지 않겠다.

빈 곳을 채워 가는 기쁨을 누리겠다.

오늘의 마음 처방전
질문 '아직'이라는 말을 붙여 볼 수 있는 순간이 있었나요? (O / X)
미션 '아직' 연습하기

당신이 못한다고 생각하는 것 하나를 떠올린 후, 그 앞에 '아직'을 붙여 다시 써 보세요

: _____

'아직'은 끝이 아니라,
시작의 다른 이름입니다

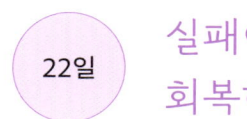

실패에서 회복하는 방법

어제의 나는 실패했습니다.

준비한 발표가 엉망이 되었고, 믿었던 관계가 무너졌고,

시작한 일이 중단되었습니다.

그러나 실패는 지워야 할 오점이 아니라,

저를 만든 재료였다는 사실을 깨닫습니다.

넘어진 바로 그 자리가,

결국 다시 일어설 힘을 준 곳이었습니다.

정신과 의사의 따뜻한 조언

J.K. 롤링은 열두 곳의 출판사에서 거절당했습니다. 에든버러 카페에서 커피 한 잔으로 버티며 원고를 썼던 그녀는 훗날 이렇게 말했습니다. "바닥을 치고 나니 그곳이 제 삶을 다시 세울 가장 단단한 기초가 되었습니다."

심리학자 앤 매스턴Ann Masten은 이를 '평범한 기적Ordinary Magic'이라 불렀습니다. 40년간 역경을 극복한 사람들을 연구한 결과, 놀라운 사실을 발견했습니다. 이들은 슈퍼히어로처럼 특별한 게 아니었습니다. 단지 인간이라면 누구나 가진 회복 시스템이 제대로 작동했을 뿐입니다.

우리에게는 회복 능력이 이미 있습니다. 지지를 받아들이는 힘, 감정을 조절하는 힘, '나는 할 수 있다'라는 믿음, 고난에서 의미를 찾는 힘. 당신도 이미 그 회복 시스템을 가지고 있습니다. 실패는 당신이 약해서 온 게 아닙니다. 당신을 더 단단하게 만들 재료로 온 겁니다.

실패한 나도 여전히 온전한 나임을 인정하겠다.

실패를 부끄러워하지 않고 솔직하게 말하겠다.

실패 속에서 내 안의 회복 능력을 발견하겠다.

어제의 실패가 오늘의 나를 만들었음을 받아들이겠다.

넘어질 때마다 더 단단해지는 나를 믿겠다.

오늘의 마음 처방전

질문 나는 실패를 적이 아닌 스승으로 바라봤나요? (O / X)

미션 실패 재해석하기

당신의 가장 큰 실패 하나를 떠올려 보세요.

1. 실패: _____
2. 그 실패 속에서 발견한 것: _____
3. 그것이 지금의 나에게 준 것: _____

나를 무너뜨린 줄 알았던 실패는
그 무게로 나를 더 깊이 뿌리내리게 했습니다

매일 아침, 우리는 컵을 채웁니다. 커피를, 물을, 차를. 그러나 정작 내 안의 컵은 비워 두고 살아갑니다. 남의 일정을 먼저 챙기고, 남의 부탁을 먼저 들어주고, 남의 기분을 먼저 살핍니다. 나중에 나를 돌보면 된다고, 다 끝나고 쉬면 된다고 믿습니다. 어느 날, 컵 바닥이 보입니다. 언제부터 비었는지 기억나지 않습니다. 조금씩, 매일, 나도 모르게 비워졌습니다. 이제 우리는 가장 먼저 나를 채우는 시간을 시작합니다. 가장 따뜻한 진실부터 마주해 보겠습니다.

3장

♦

지치고 피로한 삶에서
회복하는 시간

23일 멈추는 건 무너지는 게 아니다

일이 끝나도 자리를 뜰 수 없습니다.
'뭔가 더 해야 할 것 같은데…', '조금만 더 준비하면…'
끝없이 일을 만들어 냅니다.
그러다 정시에 컴퓨터를 끄고 밖으로 나갔습니다.
불안이 엄습했습니다. '지금 뭔가 놓치는 거 아닐까?'
하지만 걸었습니다. 햇빛 아래 서 있는 순간,
살아 있음을 느꼈습니다.
쉼은 사치가 아닙니다. 쉼은 생존입니다.

현대인의 뇌는 끊임없는 자극에 익숙합니다. 가만히 있으면 불안한 이유는 뇌가 지속적인 자극에 적응되어 있기 때문입니다. 하지만 뇌가 통찰과 연결을 만들어 내는 때는 아무것도 하지 않을 때입니다.

"어떻게 쉬어야 하나요?"라고 묻는 사람들이 있습니다. 이들은 쉼조차 성과로 여깁니다. 쉼을 가장 두려워하는 사람이 사실은 쉼을 가장 필요로 합니다. 불안이 클수록 멈추지 못하고, 멈추지 못할수록 불안은 커집니다. 이 악순환을 끊는 방법은 단 하나, 불안을 안고 멈추는 겁니다.

쉼에는 목적이 필요 없습니다. 심장은 박동 사이사이 이완기를 가집니다. 그 짧은 멈춤이 있기에 평생을 뜁니다.

멈추는 것이 무너지는 것이 아님을 기억하겠다.

쉬고 싶다는 신호를 게으름으로 오해하지 않겠다.

바쁠 때일수록 먼저 쉬는 선택을 하겠다.

쉼 그 자체로 충분함을 인정하겠다.

남들의 속도가 아닌 내 몸의 리듬을 따르겠다.

오늘의 마음 처방전
질문 오늘 나는 스스로에게 쉼을 허락했나요? (O / X)
미션 내일은 일과를 마치고 5분간 자리에 그대로 앉아 있어 보세요.

모두가 달릴 때 멈추는 것,
그것이 진짜 용기입니다

24일 전환의 시간을 가지는 법

퇴근길 지하철, 아직 회사 생각이 머릿속을 맴돕니다.
집에 도착해도 업무 긴장이 풀리지 않습니다.
한 역할에서 다른 역할로 급하게 뛰어들면,
결국 어디에도 제대로 있지 못합니다.
이제 나는 급하게 뛰어들지 않습니다.
역할과 역할 사이에서 잠시 숨을 고릅니다.
전환의 시간이 나를 지킵니다.

심리학자 윌리엄 브리지스William Bridges는 《전환Transitions》에서 모든 변화에는 세 단계가 있다고 했습니다. 끝남, 중립지대, 새로운 시작. 우리가 놓치는 건 바로 그 중간, 한 역할에서 다른 역할로 넘어가는 사이의 시간입니다.

번아웃으로 찾아오는 분들의 공통점은 중립지대 없이 한 역할에서 다른 역할로 급하게 뛰어든다는 겁니다. 회의 후 즉시 다음 미팅으로, 퇴근 후 곧바로 저녁 준비로 말이죠. 흥미로운 건 이 중립지대를 의식적으로 만든 사람들이 오히려 더 효율적으로 산다는 겁니다. 한 역할에서 완전히 벗어나야 다음 역할에 온전히 집중할 수 있기 때문입니다.

한 환자분은 회사에서 지하철역까지 15분 걷기를 중립지대로 만들었습니다. 그 시간이 일과 삶 사이의 완충지대가 되었습니다.

퇴근 후 집에 도착하기 전
10분의 전환 시간을 만들겠다.

한 역할을 끝낼 때마다
다음 역할로 급히 뛰어들지 않겠다.

일하는 나와 사는 나 사이의
경계를 명확히 하겠다.

전환의 시간을 낭비가 아닌
필수 과정으로 받아들이겠다.

저녁마다 모든 역할을 내려놓고
온전히 나로 돌아오는 의식을 갖겠다.

오늘의 마음 처방전
질문 오늘 역할과 역할 사이에서 전환의 시간을 가졌나요? (O / X)
미션 집에 들어가기 전, 현관 앞에서 1분간 심호흡하며 하루의 역할을 내려놓기.
　　　일주일간 매일 실천해 보세요.

전환의 시간은 낭비가 아니라
삶의 쉼표입니다

 **25일** 뭘 해도 부족하다고
생각될 때

새벽 6시, 손에는 토익 교재를 펼쳤지만
한 줄도 눈에 들어오지 않습니다.
자격증 강의, 영어 회화 학원, 자기계발 세미나.
멈추면 뒤처질 것 같아 어느 것도 쉴 수 없습니다.
증명하고, 또 증명합니다.
내가 가치 있는 사람임을, 충분히 노력하는 사람임을.
하지만 아무리 증명해도 불안은 사라지지 않습니다.

정신과 의사의 따뜻한 조언

"선생님, 저는 뭘 해도 부족한 것 같아요." 30대 직장인인 어느 환자분이 말했습니다. 토익 950점에 자격증 여섯 개, 석사 학위까지 있지만 여전히 불안하다고 했습니다.

심리학자 레온 페스팅거Leon Festinger는 인간이 끊임없이 자신을 타인과 비교하며, 특히 자신보다 나은 사람과 비교하는 상향 비교Upward Comparison를 한다고 밝혔습니다. SNS는 이 비교를 24시간 가능하게 만들어 버렸죠.

한국 사회엔 정해진 성공의 체크리스트가 있습니다. 좋은 대학, 대기업, 결혼, 내 집 마련. 우리는 그 리스트를 완성하려 애쓰고, SNS에 끊임없이 인증합니다.

증명의 피로가 계속해서 이어지는 이유는 명확합니다. 외부의 인정을 기준으로 삼는 한, 그 기준선은 계속 올라갑니다. 백 점을 받아도 백오 점을 받은 사람이 보입니다. 그 순간 내 백 점은 의미를 잃어버리죠.

증명을 멈추는 일은 포기를 뜻하지 않습니다. 타인의 기준이 아닌 내 기준으로 살아가겠다는 선택입니다. 있는 그대로의 나로도 충분하다는 것을 인정하는 용기입니다.

증명하지 않은 존재만으로도 충분하다.

SNS 인증 대신 나만의 기쁨을 누리겠다.

남과 비교하지 않고 어제의 나와만 비교하겠다.

타인의 인정이 없어도 나는 이미 완성된 사람이다.

타인의 박수가 아닌 내 마음의 평화를 선택하겠다.

오늘의 마음 처방전
질문 누군가에게 증명하려 했던 순간이 있었나요? (O / X)
미션 증명 내려놓기

오늘 하루를 돌아보며 적어 보세요.

1. 누구에게 무엇을 증명하려 했나요? : _____
2. 그 사람의 인정 없이도 나는 충분한가요? (O / X)
3. 내일은 무엇을 증명하지 않고 살아 볼 건가요? : _____

증명하고자 하는 마음을 내려놓을 때,
온전한 나로 살아갈 수 있습니다

디지털 세상에 갇힌 나를 구하기

알림이 울립니다.

읽지 않은 메시지들, 확인하지 않은 피드들.

놓치면 안 된다는 불안에 끊임없이 화면을 켭니다.

지하철에서, 식사 중에, 잠들기 전에도.

하루가 끝나도 기억나는 것은 아무것도 없습니다.

화면만 보다가 삶을 놓쳤습니다.

진료실에서 많은 분들이 디지털 세상에 갇혀 있다고 말합니다. 심리학에서는 이를 '놓침에 대한 두려움$_{\text{FOMO, Fear Of Missing Out}}$'이라 부릅니다. SNS를 확인하지 않으면 중요한 정보를 놓칠 것 같고, 메시지에 바로 답하지 않으면 관계가 끊어질 것 같은 불안이죠.

문제는 이 불안에 끝이 없다는 겁니다. 피드는 계속 새로워지고, 확인할수록 더 확인하고 싶어집니다.

우리 사회는 특히 '즉시 응답'을 강요합니다. 단톡방에 답장을 늦게 하면 눈치가 보이고, 업무 메시지를 놓치면 무책임하다는 말을 듣습니다. 24시간 대기 상태가 일상이 되어 버렸습니다.

흥미로운 점이 있습니다. 해외여행을 다녀온 분들이 공통적으로 하는 말이 있어요. "로밍을 안 해 간 게 처음엔 불안했는데, 며칠 지나니까 오히려 편하더라고요." 와이파이가 없으니 길을 물어봐야 했고, 식당에서 메뉴판을 천천히 읽어야 했고, 경치를 SNS에 올릴 사진으로 찍는 대신 눈에 담았습니다.

화면을 끄는 일은 무언가를 놓치는 게 아닙니다. 진짜 중요한 것을 발견하는 시작입니다.

알림 설정을 바꿔 정말 중요한 것만 받겠다.

식사할 때는 화면 대신 음식과 사람을 보겠다.

확인하고 싶을 때
'정말 필요한가?'를 먼저 묻겠다.

하루 30분, 아무것도 확인하지 않는
시간을 갖겠다.

스크린 타임을 체크하고
사용 시간을 어제보다 10분 줄이겠다.

오늘의 마음 처방전

질문 오늘 하루 휴대폰을 몇 번이나 확인했나요? 그중 정말 필요한 확인은
      몇 번이었나요?

미션 FOMO 관찰하기

1. 오늘 가장 자주 확인한 것 : _____
2. 확인하지 않으면 무슨 일이 생길 것 같았나요? : _____
3. 정말로 그런 일이 일어났나요? (O / X)
4. 내일 휴대폰 없이 30분 동안 할 일 : _____

화면 속을 들여다볼수록,
삶은 멀어집니다

27일 번아웃에서 탈출하는 법

퇴근 후에도 업무 메시지를 확인하고,
주말에도 월요일을 준비하고, 휴가 중에도 노트북을 엽니다.
저녁 식탁에서 밥을 먹지만 머릿속은 회의실에 있고,
가족과 대화하지만, 귀는 업무 전화를 기다립니다.
몸은 집에 있지만 마음은 여전히 회사에 남아 있습니다.
경계가 무너진 삶에서는 쉼도, 회복도 불가능합니다.

정신과 의사의 따뜻한 조언

번아웃으로 찾아오는 분들의 공통점이 있습니다. 퇴근 시간이 지나도 일에서 벗어나지 못한다는 것이죠. 심리학자 수 캠벨 클라크Sue Campbell Clark는 경계가 명확한 사람은 일터의 스트레스를 집까지 가져오지 않지만, 경계가 모호한 사람은 24시간 일하는 상태가 된다고 했습니다. 이건 시간 관리가 아니라 정체성의 문제죠.

한국의 직장 문화는 경계를 허물 것을 요구합니다. 퇴근 후 업무 연락은 당연하고, 재택근무로 집이 사무실이 되며 물리적 거리마저 사라졌습니다.

경계 상실의 가장 큰 문제는 뇌가 쉬지 못한다는 겁니다. 퇴근 후에도 일을 생각하는 건 뇌가 여전히 위협 탐지 모드에 있다는 신호입니다. 이게 번아웃으로 가는 가장 빠른 길입니다. 경계를 지킨다는 건 이기적인 게 아니라 지속 가능한 삶을 위한 필수 조건입니다. 회복 시간이 없으면 결국 아무것도 할 수 없게 되니까요.

퇴근 후 30분은 전환 시간으로 사용하겠다.

퇴근 시간에 업무 메신저 알림을 끄겠다.

쉼도 성과임을 인정하겠다.

경계를 지키는 것에 죄책감을 느끼지 않겠다.

일하는 나와 살아가는 나를 명확히 구분하겠다.

오늘의 마음 처방전

질문 오늘 퇴근 후 진짜로 쉬었나요? (O / X)

미션 전환 의식 만들기

퇴근 후 일과 삶을 구분하는 나만의 의식을 정해 보세요.

1. 전환 의식 : _____
   예 현관문 닫으며 심호흡 세 번, 작업복 갈아입기, 10분 산책
2. 실천 시간 : _____
   예 퇴근 직후, 저녁 7시, 집 도착하자마자
3. 지킬 경계 규칙 : _____
   예 저녁 8시 이후 업무 메시지 안 보기, 주말엔 노트북 안 켜기

쉼표 없는 문장은
읽을 수 없습니다

아무리 잠을 자도
피로가 풀리지 않는 이유

매일 아침 눈을 뜨면 이미 지쳐 있습니다.
충분히 잤는데도 피곤하고,
주말에 쉬어도 월요일이면 다시 소진됩니다.
커피를 마셔도 집중이 안 되고,
업무 시간이 끝나면 아무것도 하기 싫습니다.
이것은 게으름이 아닙니다.
몸과 마음이 보내는 휴식의 신호입니다.

정신과 의사의 따뜻한 조언

피로에는 두 가지 종류가 있습니다. 육체적 피로는 충분한 휴식으로 회복되지만, 정신적 피로는 다릅니다. 뇌가 계속 각성 상태를 유지하며 스트레스 호르몬인 코르티솔이 과도하게 분비되는 상태죠.

피로는 단계적으로 진행됩니다. 초기 고갈 신호를 무시하면 결국 아무것도 할 수 없는 번아웃 상태까지 이릅니다. 문제는 대부분 첫 신호를 '이 정도는 괜찮아'라며 넘긴다는 겁니다.

한국인의 피로는 시간이 아니라 긴장에서 옵니다. 퇴근 후에도 업무 메시지에 답해야 하고, 주말에도 긴급 전화가 옵니다. 몸은 집에 있어도 마음은 여전히 회사에 있는 거죠.

더 근본적인 이유는 쉬는 법을 몰라서가 아니라, 쉴 자격이 없다고 믿는다는 점 때문입니다. 남들은 다 하는데 나만 힘들어하면 안 된다는 생각이 휴식조차 죄책감으로 만들어 버립니다.

피로가 누적되면 두통, 소화불량, 짜증 같은 신호들이 나타납니다. 몸이 보내는 경고입니다. 회복은 인정에서 시작됩니다. '나는 지금 지쳐 있다'라고 말하는 것입니다.

피곤함을 게으름으로 오해하지 않겠다.

매일 아침 나의 에너지 수준을
0~10점으로 측정하겠다.

5점 이하일 때는 불필요한 약속을 정리하겠다.

"좀 쉬어야겠다"라는 말을 죄책감 없이 하겠다.

회복도 생산성의 일부임을 인정하겠다.

오늘의 마음 처방전
질문 오늘 나의 에너지 수준은 10점 만점에 몇 점인가요?
미션 피로 자가 진단

다음 증상 중 최근 2주간 경험한 것에 체크하세요.

- ☐ 충분히 자도 아침에 일어나기 힘들다.
- ☐ 업무 중 집중력이 현저히 떨어진다.
- ☐ 작은 일에도 쉽게 짜증이 난다.
- ☐ 주말에 쉬어도 피로가 풀리지 않는다.
- ☐ 업무에 대한 냉소와 무관심이 생긴다.
- ☐ 두통, 소화불량 등 신체 증상이 반복된다.

0~2개
정상 범위. 일상적인
피로 관리 필요

3개 이상
번아웃 위험. 적극적인
휴식과 전문가 상담 권장

에너지가 5점 이하라면, 저녁 약속 하나를 취소하고 30분 일찍 잠자리에 드세요.

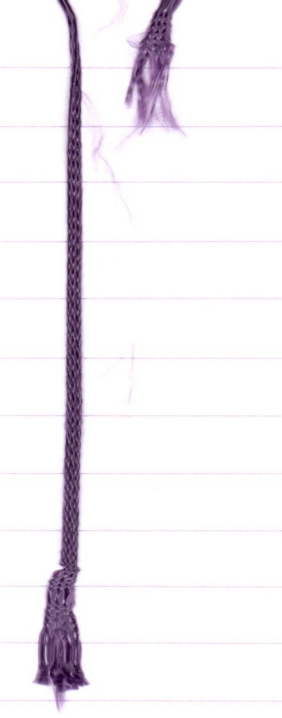

피로는 적이 아니라
당신을 보호하려는 몸의 신호입니다

'내가 선택했다'라는 생각이 나를 바꾼다

29일

"이 일, 왜 하세요?"
누군가 물으면 순간 말이 막힙니다. "해야 하니까요."
좋은 대학, 안정적인 직장, 적당한 나이에 결혼.
모든 선택 앞에 '해야 하니까'가 붙었습니다.
하지만 같은 일이라도 '내가 선택했다'라는 의식이 있을 때,
우리는 삶의 주인이 됩니다.

정신과 의사의 따뜻한 조언

쉽게 번아웃이 오는 환자들의 공통점이 있습니다. '해야 하니까', '남들도 다 하니까'라는 이유로 살아왔다는 겁니다.

심리학자 에드워드 데시Edward Deci와 리처드 라이언Richard Ryan은 자기결정이론Self-Determination Theory에서 인간의 기본 욕구 중 하나로 자율성Autonomy을 제시했습니다. 같은 일이라도 강요로 느끼면 번아웃이 오지만, 선택으로 느끼면 동기가 유지되죠.

유기견 봉사를 하던 분이 있었습니다. 처음엔 이력서에 쓸 스펙을 위해 시작했지만, 몇 달 지나면서 달라졌습니다. 자신을 알아보고 꼬리를 흔드는 강아지들, 무서워하던 개가 조금씩 마음을 여는 순간들. "스펙 때문에 간다고 생각할 땐 힘들었는데, 애네들 보고 싶어서 간다고 생각하니까 토요일 아침이 기다려지더라고요." '해야 하는 봉사'에서 '하고 싶은 돌봄'으로 관점이 바뀌자, 같은 행위가 전혀 다른 의미가 되었습니다.

번아웃에서 회복한 사람들은 공통적으로 '선택권'을 되찾았습니다. 큰 결정이 아니어도 괜찮습니다. 점심 메뉴, 퇴근 후 산책 같은 작은 선택들이 쌓여 자존감이 됩니다.

오늘 나는 '해야 하니까'를
'내가 하기로 했으니까'로 바꾸겠다.

작은 일상 속에서도 나의 선택을 발견하겠다.

완벽한 선택이 아니어도 내 선택을 신뢰하겠다.

타인의 기준이 아닌 내 마음의 신호를 따르겠다.

선택할 수 없는 것은 받아들이고,
선택할 수 있는 것에 집중하겠다.

오늘의 마음 처방전

질문 오늘 단 한 번이라도 진정한 '내 선택'을 했나요? (O / X)

미션 내일 일정표를 꺼내 각 일정 옆에 표시해 보세요.

○ = 내가 진심으로 선택한 일

△ = 해야 하지만 의미를 찾은 일

□ = 순전히 의무로만 하는 일

그리고 □ 하나를 골라 △로 바꿀 방법을 찾아보세요.

'해야 한다'는 남의 문장입니다.
'하기로 했다'는 나의 문장입니다

밤이 깊어질수록 잠 못 이루는 사람들

밤이 깊어갑니다. 거울 앞에 선 제 얼굴은
아침과 조금 다릅니다.
오늘도 저는 수많은 순간을 통과했습니다.
숨이 막힐 것 같을 때도 숨을 쉬었고,
무너질 것 같을 때도 다시 일어섰습니다.
지금, 하루의 문턱에서 나를 맞이합니다.
비난하지 않고, 평가하지 않고, 그저 있는 그대로 봅니다.
그리고 말합니다. "오늘도 참 애썼구나"라고요.

정신과 의사의 따뜻한 조언

"선생님, 저는 왜 매일 밤 자신을 괴롭힐까요?" 30대 직장인인 어느 환자분이 물었습니다. 하루를 돌아보면 잘한 것보다 못한 것만 떠오른다고요.

우리는 타인에게는 관대하면서 자신에게는 가장 엄격한 판사가 됩니다. 친구가 실수하면 "괜찮아, 누구나 그럴 수 있어"라고 위로하지만, 같은 실수를 내가 하면 며칠씩 자책하죠. 특히 자기 돌봄에 인색합니다. "괜찮아요"가 입버릇처럼 나옵니다. 타인을 돌보느라 자신을 돌보는 법을 잊었습니다. 하지만 빈 그릇은 다른 그릇을 채울 수 없습니다.

제가 자주 권하는 방법이 있습니다. 잠들기 전, 손을 가슴에 얹고 따뜻한 체온을 느껴 보는 겁니다. 그리고 오늘 하루 중 가장 힘들었던 순간의 나에게 말을 건네 봅니다. "정말 힘들었겠다. 그런데도 여기까지 왔구나."

매일 밤, 우리는 선택합니다. 나를 심판할 것인가, 나를 돌볼 것인가를 말이죠.

하루를 마감하며
나는 나의 판사가 아닌 동반자가 되겠다.

오늘 하루를 살아낸 것만으로도
나는 충분히 용감했음을 기억하겠다.

완벽하지 않은 오늘에게 고맙다고 말하겠다.

오늘의 실수를 내일의 교훈으로 읽겠다.

하루의 끝을 심판의 시간이 아닌
돌봄의 시간으로 만들겠다.

오늘의 마음 처방전

질문 오늘 밤, 나는 나의 친구가 되어 주었나요? (O / X)

미션 1분 자기 돌봄

1. 지금 손을 가슴에 얹고 따뜻한 체온을 느껴 보세요.
2. 오늘 가장 힘들었던 순간의 나에게 "수고했어"라고 말해 주세요.

오늘을 돌보는 손길이
내일의 나를 키웁니다

이유 없이 가슴이 답답하고 몸이 무겁다면

몸은 내가 외면한 것들을 기억합니다.
아침에 일어나면 목이 뻣뻣합니다.
어깨는 돌덩이처럼 무겁고, 가슴은 답답합니다.
병원에 가면 검사 결과는 정상입니다.
의사는 "특별한 이상 없어요"라고 말합니다.
하지만 나는 압니다. "괜찮습니다"라고 말할 때마다,
몸은 그 말을 믿지 않았습니다.
삼킨 말들은 목에 걸렸고, 참은 한숨은 가슴에 쌓였고,
버틴 시간들은 어깨를 짓눌렀습니다.

진료실에 오는 분들 중 많은 이들이 신체 증상을 호소합니다. 등이 아프고, 목이 답답하고, 가슴이 조이는데 검사에서는 이상이 없다고 합니다.

의학 용어로는 '신체화 장애Somatization Disorder'라고 부릅니다. 심리적 고통이 신체 증상으로 전환되는 것입니다. 감정을 처리할 에너지가 고갈되면서, 몸이 대신 신호를 보내기 시작합니다.

한국에는 '화병火病'이라는 개념이 있습니다. 억눌린 감정이 불처럼 타올라 몸을 아프게 한다는 뜻입니다. 신체 부위마다 쌓이는 감정이 다릅니다. 목의 이물감은 삼킨 말들의 흔적이고, 가슴의 답답함은 억눌린 만큼의 무게입니다.

왜 한국인들은 "아프다"라고 말하지 않고 "피곤하다"라고 할까요? 감정을 드러내는 것을 약함으로 여기는 문화 속에서, 우리는 몸을 통해 우회적으로 말합니다.

가장 성실한 사람들의 몸이 가장 먼저 항복합니다. 몸이 고장난 게 아니라 당신을 지키려는 시도입니다. 몸이 아플 때, 잠시 멈춰 물어보세요. "지금 내 삶의 어떤 부분이 무거운가?"

목이 답답할 때
'무슨 말을 삼켰나' 스스로 묻겠다.

어깨가 아플 때
'무엇을 내려놓을 수 있을까' 생각하겠다.

통증을 적이 아닌 메신저로 받아들이겠다.

검사 결과가 정상이어도
내 고통은 진짜임을 인정하겠다.

아픈 부위에 손을 얹고
"고생했구나"라고 말하겠다.

오늘의 마음 처방전

질문 오늘 나는 몸이 보내는 신호에 귀 기울였나요? (O / X)
미션 몸의 언어 듣기

1. 가장 불편한 신체 부위와 아프기 시작한 시기 : _____
2. 그 시기에 내 삶에서 일어난 일을 떠올려 보세요 : _____
3. 그 부위에 손을 얹고 "무엇을 말하고 싶니?"라고 물어보세요.
   : _____

몸은 거짓말하지 않습니다.
우리가 듣지 않았을 뿐입니다

32일 나는 왜 무기력할까?

양초는 끝까지 타기 전에 이미 흔들립니다.
불꽃이 일정하지 않게 춤을 추고,
언제 꺼질지 모르는 작은 빛만 남습니다.
무기력한 것은 게으름이 아닙니다.
너무 오래, 너무 뜨겁게 탔다는 증거입니다.
어느 날 아침, 침대에서 일어나는 것이
돌덩이를 들어 올리는 것처럼 무거웠습니다.
그러다 어느 날, 불꽃이 꺼졌습니다.
아니, 더 이상 탈 것이 남지 않았습니다.

정신과 의사의 따뜻한 조언

무기력을 호소하며 진료실을 찾는 분들이 많습니다. 3년간 단한 번도 지각하지 않고 야근을 밥 먹듯 했던 사람들입니다. 침대에서 일어나는 것조차 버겁고, 좋아하던 일에 흥미가 사라졌다고 합니다.

무기력은 게으름과 다릅니다. 게으른 사람은 하기 싫어서 안하지만, 무기력한 사람은 하고 싶어도 할 수 없습니다. 무기력은 아이러니하게도 가장 열심히 산 사람에게 찾아옵니다.

현의 장력을 생각해 보세요. 바이올린 현도 너무 팽팽하게 당기면 언젠가는 끊어집니다. 적절한 긴장과 이완의 리듬이 있어야 아름다운 선율을 만들어 낼 수 있습니다.

우리 몸도 마찬가지입니다. 끊임없이 긴장하면 결국 몸은 멈춥니다. 무기력은 당신이 약해서 오는 게 아닙니다. 몸이 "더 이상은 안 돼"라고 보내는 마지막 신호입니다.

때로는 현을 느슨하게 풀어 주는 시간이 필요합니다. 그래야 다시 맑은 소리를 낼 수 있으니까요.

무기력을 게으름으로 오해하지 않겠다.

몸의 신호를 무시하지 않고 귀 기울이겠다.

너무 오래 강하려 했음을 인정하겠다.

현을 풀어 주는 시간도 연주의 일부임을 기억하겠다.

쉼을 죄책감 없이 선택하겠다.

오늘의 마음 처방전
질문 오늘 나는 몸이 보내는 신호를 알아차렸나요? (O / X)
미션 무기력 자가 점검

최근 2주간 경험한 것에 체크하세요.

- ☐ 충분히 자도 아침에 일어나기 힘들다.
- ☐ 좋아하던 일에 흥미가 사라졌다.
- ☐ 목이 자주 잠기거나 가슴이 답답하다.
- ☐ 눈꺼풀이 떨리거나 이명이 들린다.
- ☐ 작은 일에도 쉽게 짜증이 난다.
- ☐ '조금만 참으면 돼'라고 스스로를 다독이며 버텨 왔다.

3개 이상
영혼이 과열 중입니다.
지금 당장 쉼이 필요합니다.
오늘 저녁, 단 5분만이라도
창가에 앉아 바깥을
바라보세요.

무기력은 당신이
너무 오래 빛났다는 뜻입니다

33일 '해야 한다'에서 '하고 싶다'로

새벽 4시 30분, 알람 소리. 30년 째 같은 시간입니다.

어머니는 일어나 식당으로 향합니다.

무거운 냄비, 뜨거운 국물, 손님들의 재촉.

"힘들지 않으세요?"

누군가 물으면 어머니는 짧게 답합니다.

"아들 학비야."

어머니에게 이 일은 '해야만 하는' 의무가 아니었습니다.

자식의 미래를 여는 '하고 싶은' 일이었습니다.

그리스 신화의 시지푸스는 영원히 바위를 산꼭대기로 굴려 올려야 하는 형벌을 받았습니다. 정상에 닿으면 바위는 다시 굴러떨어집니다. 무한한 반복입니다.

철학자 알베르 카뮈는 《시지푸스 신화》에서 말했습니다. "우리는 시지푸스를 행복하다고 상상해야 한다 Il faut imaginer Sisyphe heureux." 시지푸스는 산 아래로 내려가며 자신의 운명을 의식합니다. 그리고 그것을 자신의 것으로 만듭니다.

바위는 여전히 굴러떨어지지만, 이제 그것은 '그의' 바위입니다. 운명을 받아들이는 것이 아닙니다. 운명을 자신의 선택으로 만드는 것입니다.

같은 일을 해도 '억울해서 못 참겠다'라는 사람과 '이게 내 몫이야'라고 받아들인 사람은 번아웃일 때도 회복 속도가 눈에 띄게 다릅니다. 차이는 일의 양이 아니었습니다. 일을 대하는 태도, 그 안에서 발견한 의미였습니다.

당신의 매일도 끝없이 반복됩니다. 하지만 그 속에서 나만의 이유를 발견하는 순간, 그것은 더 이상 형벌이 아닙니다.

오늘 하는 일 속에서 나만의 이유를 발견하겠다.

힘든 순간에,
'이게 나의 어떤 가치와 닿아 있나' 질문하겠다.

남이 정한 의미가 아닌
내가 발견한 의미로 살아가겠다.

반복되는 일상 속에서도
내 선택의 의미를 기억하겠다.

매일의 노동을 형벌이 아닌 나의 바위로 만들겠다.

오늘의 마음 처방전

질문 '해야 하는' 일 속에서 '하고 싶은 이유'를 발견했나요? (O / X)
미션 의미 발견하기

오늘 가장 힘들었던 의무 하나를 떠올려 보세요.

1. 그 일 : _____
2. 그 일이 힘든 이유 : _____
3. 그 일 속에서 내가 발견할 수 있는 의미 :

    • 누구를 위한 일인가? : _____

    • 이것이 가져올 미래는? : _____

    • 내 가치관과 연결되는 지점은? : _____

의무는 족쇄가 될 수도, 날개가 될 수도 있습니다.
그 차이는 단 하나,
'나만의 의미를 발견했는가'입니다

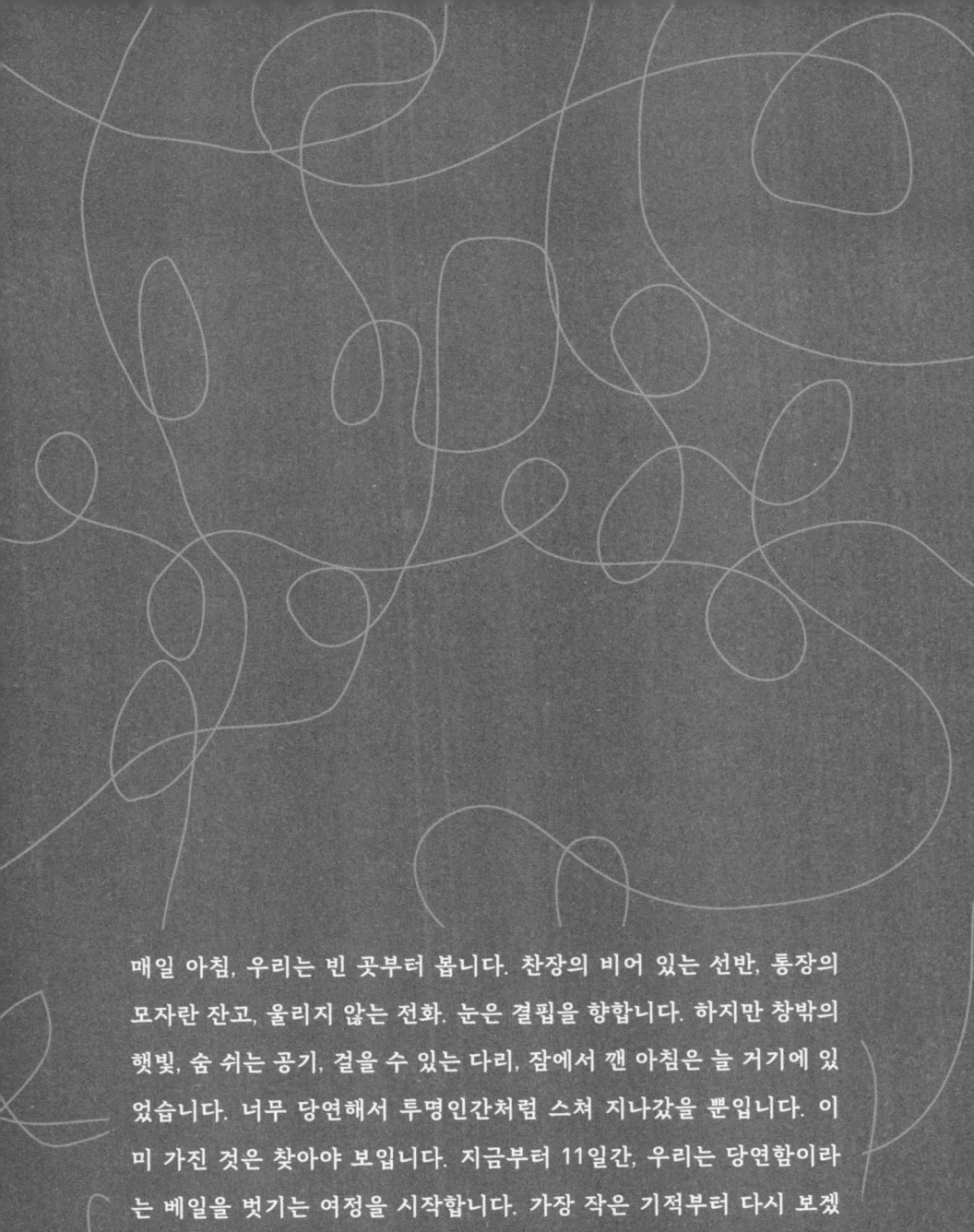

매일 아침, 우리는 빈 곳부터 봅니다. 찬장의 비어 있는 선반, 통장의 모자란 잔고, 울리지 않는 전화. 눈은 결핍을 향합니다. 하지만 창밖의 햇빛, 숨 쉬는 공기, 걸을 수 있는 다리, 잠에서 깬 아침은 늘 거기에 있었습니다. 너무 당연해서 투명인간처럼 스쳐 지나갔을 뿐입니다. 이미 가진 것은 찾아야 보입니다. 지금부터 11일간, 우리는 당연함이라는 베일을 벗기는 여정을 시작합니다. 가장 작은 기적부터 다시 보겠습니다.

/ 4장

일상을
단단하게 살아가기

34일 | 감사를 기록할 때 달라지는 일들

불평은 저절로 나오지만, 감사는 찾아야 보입니다.
처음엔 한 줄도 버거웠습니다. "오늘도 숨을 쉬었다."
너무 진부해서 민망했지만,
그래도 다음 날도 그다음 날도 썼습니다.
한 달쯤 지나자 조금씩 달라졌습니다.
늘 있던 것들이 하나씩 눈에 들어오기 시작했습니다.
감사가 삶을 바꾸지는 않습니다.
이미 가진 것들을 다시 보게 할 뿐입니다.

우리 뇌는 위험을 먼저 포착하는 쪽으로 진화했습니다. 생존에 유리했으니까요. 그래서 불평은 자동으로 튀어나오지만, 감사는 의식해야 떠오릅니다.

캘리포니아대학 심리학 교수 로버트 에몬스Robert Emmons는 10주 동안 감사 일기 실험을 했습니다. 감사한 일을 기록한 사람들은 긍정 정서가 높아졌고, 잠도 더 잘 잤으며, 운동도 더 많이 했습니다. 막상 쓰려고 하면 처음엔 '커피', '날씨' 같은 단어만 나옵니다. 그런데 한 달쯤 지나면 달라집니다. '커피가 맛있었다', '아침 햇살이 따스했다'처럼 점점 구체적으로 바뀝니다.

요령이 있습니다. '오늘 하루 좋았다'가 아니라 '점심 때 먹은 따뜻한 국밥 덕분에 속이 든든해졌다'처럼 쓰는 겁니다. 향기, 온도, 촉감, 소리와 같은 감각을 적을수록 감사는 선명해집니다.

완벽하게 쓸 필요는 없습니다. '드디어 비가 그쳤다' 같은 한 줄이어도 됩니다. 매일 노트를 펼치는 것만으로도 충분합니다.

매일 밤 잠들기 전,
오늘 감사한 일 3가지를 오감으로 적겠다.

'그냥 좋았다' 대신 '무엇이', '왜' 좋았는지
구체적으로 표현하겠다.

하루 중 가장 평범했던 순간에서 감사를 발견하겠다.

못 쓴 날이 있어도 자책하지 않고
오늘부터 다시 시작하겠다.

작은 것에도 고맙다고 말하거나
마음속으로 떠올리는 습관을 들이겠다.

오늘의 마음 처방전
질문 감사한 일을 하나라도 구체적으로 떠올렸나요? (O / X)
미션 오감 중 3가지로 감사 기록하기
오늘 감사한 순간 하나를 떠올려, 오감 중 가장 또렷했던 3가지로 적어 보세요.

1. 그 순간 : _____
2. 오감 묘사 (3가지 선택)
   - 본 것 : _____
   - 들은 것 : _____
   - 느낀 것(촉감) : _____
   - 맡은 것 : _____
   - 맛본 것 : _____

우리가 찾아야 할 것은 새로운 삶이 아니라,
이미 가진 삶을 새롭게 보는 눈입니다

집중하지 못하고
자꾸 딴생각에 빠진다면

점심을 먹으면서도 다른 곳에 있습니다.

국밥 한 그릇을 비웠는데 무슨 맛이었는지 모릅니다.

휴대폰 보고 팟캐스트 들으며, 내일 일을 생각합니다.

그날, 처음으로 시도했습니다.

차 한 잔을 마시는 동안 다른 건 아무것도 하지 않기로요.

찻잔의 온기, 입술에 닿는 첫 모금, 목으로 넘어가는 감각.

모든 게 처음처럼 생생했습니다.

한 번에 한 가지만 할 때, 그것이 제대로 보입니다.

정신과 의사의 따뜻한 조언

"선생님, 남편이 제 말을 하나도 안 들어요." 상담하는 동안 그분의 시선은 계속 휴대폰 화면을 향했습니다. 알림이 올 때마다 잠깐씩 확인했습니다. "혹시 집에서 대화하실 때도 이렇게 하시나요?" 그분의 손이 멈췄습니다.

전 마이크로소프트 임원 린다 스톤Linda Stone은 이를 '연속적 부분 주의continuous partial attention'라고 명명했습니다. 늘 여러 곳에 주의를 분산시키느라 정작 눈앞의 사람과 온전히 함께하지 못하는 상태를 말합니다. 문제는 온전히 거기 있지 않을 때, 상대도 이를 안다는 겁니다. 그리고 그들도 마음의 문을 닫습니다.

멀티태스킹은 효율이 좋은 게 아닙니다. 여러 일을 동시에 한다는 건 사실 모든 일을 반쪽만 하는 겁니다. 하나에 집중할 때 우리는 그 순간을 제대로 살 수 있습니다.

대화할 때 휴대폰을 멀리 두고 상대의 눈을 보겠다.

식사할 때는 화면 대신 음식에 집중하겠다.

상대가 말할 때 대답을 마음속으로 미리
준비하지 않고 끝까지 듣겠다.

멀티태스킹이 능력이라는 착각을 내려놓겠다.

오늘 단 10분이라도 온전히 '여기'에 머물겠다.

오늘의 마음 처방전

질문 오늘 나는 온전히 현재에 머문 순간이 있었나요? (O / X)

미션 온전한 10분 경험하기

다음 중 한 가지를 선택하세요.

☐ 선택 1 차나 커피 한 잔 마시는 10분(다른 일 하지 않기)
☐ 선택 2 누군가와 대화하는 10분(휴대폰 멀리 두기)

선택한 것 : ＿＿＿＿＿＿＿＿ , 10분 후 느낀 점 : ＿＿＿＿＿＿＿＿

백 번 스치는 것보다,
한 번 온전히 머무는 삶이 필요합니다

36일 억지웃음이 우리를 더 공허하게 만든다

언제부터였을까요? 입꼬리를 올려도 눈은 웃지 않습니다.

친구가 보낸 영상을 봅니다.

자막에 '빵 터짐'이라고 나와도 표정은 굳어 있습니다.

웃어야 할 것 같아 억지로 입꼬리를 올립니다.

오히려 더 공허합니다.

웃음은 강요할 수 없습니다. 오늘도 저는 웃지 못합니다.

하지만 더 이상 웃으려 애쓰지 않습니다.

웃지 않아도 괜찮습니다.

프랑스 신경학자 뒤센Duchenne de Boulogne은 진짜 미소를 지을 때는 눈가 근육이 함께 움직인다는 걸 발견했습니다. 입꼬리만 올라가는 미소와 눈까지 웃는 미소. 이 차이가 진짜 웃음과 가짜 웃음을 가릅니다.

우리 사회는 웃음을 사회적 의무처럼 여깁니다. 직장에서, 가족 모임에서, 심지어 힘들 때도 밝게 웃어야 한다는 압박을 받습니다. 억지웃음이 일상이 되었지만, 그 웃음은 오히려 관계를 공허하게 만듭니다.

그런데 가끔 불현듯 찾아오는 순간들이 있습니다. 옆집 아이가 비눗방울을 불다가 자기 침에 놀라 기침하는 모습, 할머니가 횡단보도에서 깜빡이는 신호등을 향해 손 흔드는 모습. 그럴 때 내 안 어딘가에서 미세한 떨림이 일어납니다.

한 환자분은 몇 달 뒤 다시 왔을 때, 표정이 달라져 있었습니다. 웃고 있지는 않았지만, 더 이상 웃으려고 애쓰지도 않았습니다. 그 차이가 회복의 시작이었습니다.

웃어야 한다는 압박이 들 때
'지금 이대로도 좋아'라고 속으로 말하겠다.

억지웃음 대신 솔직한 표정을 선택하겠다.

웃지 못한 날도 일기에 "괜찮았다"라고 적겠다.

하루 한 번, 자연스럽게 웃은 순간을 떠올려 보겠다.

억지로 밝게 굴지 않고 내 마음의 템포를 지키겠다.

오늘의 마음 처방전

질문 오늘 억지로라도 웃으려고 애쓴 순간이 있었나요? (O / X)

미션 하루를 돌아보며 입꼬리가 자연스럽게 올라간 순간이 있었는지 떠올려 보세요. 있었다면 그 순간을, 없었다면 "오늘은 웃지 않았다"를 기록하세요:

일부러 웃으려 애쓰지 않아도 괜찮습니다.
지금 모습 그대로 당신을 사랑해 주세요

 ## 매일 똑같은 하루를 보낸다는 생각이 들 때

매일 같은 길을 걷습니다.

그런데 오늘 처음으로 보았습니다.

나뭇잎이 바람에 흔들릴 때마다 빛의 농도가 달라진다는 걸.

햇빛이 잎을 통과하는 순간, 초록이 금빛으로 번진다는 걸.

늘 여기 있었습니다. 다만 내가 보지 못했을 뿐입니다.

평범함 속에 경이로움이 숨어 있습니다.

작가 올더스 헉슬리는 《지각의 문》에서 우리 뇌가 생존을 위해 수많은 감각을 무의식적으로 걸러 낸다고 했습니다. 그래서 처음엔 신기했던 것들이 점차 배경으로 사라집니다.

아이들은 다릅니다. 공원에서 개미를 발견한 아이는 한참을 들여다봅니다. 더듬이가 움직이고, 여섯 다리가 조화롭게 움직이며 먹이를 옮기는 모습. 세상의 모든 게 경이입니다.

우리가 잃어버린 건 작은 것을 크게 보는 눈입니다. 새로운 풍경을 찾아 떠날 필요는 없습니다. 매일 지나치는 길 위에 이미 모든 경이가 숨 쉬고 있습니다.

평범한 것 하나를 1분간 온전히 관찰하겠다.

오늘 지나친 것 중 하나를 내일은 멈춰서 보겠다.

사랑하는 이의 작은 변화를 알아차리겠다.

감각의 문을 의식적으로 열어 두겠다.

존재한다는 것 자체가 경이로움임을 기억하겠다.

오늘의 마음 처방전

질문 무심코 지나쳤지만 사실은 경이로운 것이 있었나요? (O / X)

미션 경이로움 사냥

1. 집 안에서 매일 보는 것 하나를 선택하세요.
2. 3분간 그것만 바라보세요.
3. 처음 보는 것처럼 관찰하세요.
4. 발견한 디테일 3가지를 적어 보세요

　　 :

경이로움은 멀리 있지 않습니다.
당신이 지금 딛고 선 이 땅 위에 있습니다

지금 행복을 느끼지 못하는 당신에게

치르치르와 미치르는 파랑새를 찾아 먼 길을 떠났습니다.

하지만 집으로 돌아와서야 깨달았습니다.

파랑새는 늘 그들 곁에 있었다는 것을.

더 나은 내일을 위해, 더 큰 행복을 위해

끊임없이 달렸습니다.

그런데 멈춰 서서 보니,

내가 찾던 것은 이미 여기 있었습니다.

행복은 추구하는 게 아니라 알아차리는 것입니다.

정신과 의사의 따뜻한 조언

우리도 비슷합니다. 행복은 어딘가 먼 곳에 있다고 믿습니다. 마테를링크Maurice Maeterlinck가 《파랑새》를 쓴 것도 같은 이유였습니다. 행복은 멀리 떠나 찾는 것이 아니라 이미 우리 곁에 있다는 것을 보여 주기 위해서였습니다.

심리학자들은 이를 '도착 오류Arrival Fallacy'라고 부릅니다. 어떤 목표에 도달하면 영원한 행복이 올 거라고 믿는 착각입니다. 정상에 오른 사람들은 곧 깨닫습니다. 그곳도 결국 또 다른 일상이라는 것을 말이지요.

진료실에서 발견한 패턴이 있습니다. '행복해지려면'이라고 말하는 사람들은 계속 조건을 붙입니다. '승진하면', '집 사면', '결혼하면' 행복할 거라고 믿습니다. 하지만 이미 곁에 있는 것에서 행복을 찾는 사람들은 다릅니다.

아침 햇살, 따뜻한 국 한 그릇, 퇴근길 산책. 이런 평범한 순간들 속에 행복이 있습니다. 목표를 향해 가되, 그 과정 자체를 살아내는 겁니다.

가끔은 멈춰서 주변을 둘러보세요. 당신의 파랑새는 이미 노래하고 있을지도 모릅니다.

"내일 행복할 거야"라고 말하기보다
'지금 곁에 있는 것'을 보겠다.

목표에 도착하면 행복할 거라는
생각을 알아차렸을 때 멈추겠다.

오늘 하루 중 한 순간만이라도
조용히 음미하는 시간을 갖겠다.

이미 가진 것의 가치를 새롭게 보겠다.

내일의 목표보다 오늘의 과정에서 의미를 찾겠다.

오늘의 마음 처방전
질문 나는 지금 곁에 있는 것들의 가치를 보았나요? (O / X)
미션 하루를 돌아보며 적어 보세요.

1. 내가 '도착'하면 행복할 것이라 믿는 목표 하나: _____
2. 지금 이 순간 이미 내 곁에 있는 것: _____
3. 오늘 그것을 위해 한 작은 행동: _____

파랑새는 날아간 적이 없습니다,
우리가 눈을 감았을 뿐

소음에 기대지 않고
침묵을 경험하는 연습

혼자 있는 게 힘듭니다.

잠들기 전엔 ASMR을, 출근길엔 팟캐스트를,

저녁 식사 때엔 유튜브를 틀어 놓습니다.

조용함이 불편합니다.

그런데 어느 날 정전이 되었습니다.

모든 소리가 사라진 순간에서야 내 숨소리가 들렸습니다.

정신과 의사의 따뜻한 조언

진료실에서 만나는 분들 중 많은 이들이 소음에 기댑니다. ASMR, 유튜브, 팟캐스트를 늘 틀어 놓고 삽니다. 소음이 들리지 않으면 세상에서 잊힌 것 같다고 합니다.

이렇게 지친 마음은 극단을 오갑니다. 끊임없이 무언가를 틀어 놓거나, 아예 모든 것을 차단하거나. 둘 다 자신과 마주하기 싫어서입니다.

침묵이 두려운 이유는 뭘까요? 소음이 멈추면 평소 바쁜 탓으로 덮어 두었던 질문들이 올라오기 때문입니다. '나는 왜 이렇게 지쳤을까?', '언제부터 이렇게 공허했을까?' 그런데 이 질문들이 회복의 시작이기도 합니다. 회피한 질문은 증상이 되어 나타나지만, 마주한 질문은 천천히 답을 찾아가니까요.

처음엔 5분만 시도해 보세요. 모든 소리를 끄고 그저 앉아 있어 보는 겁니다. 불편하고 어색할 겁니다. 손이 근질거리고, 뭔가 놓치는 것 같은 불안이 올라올 거예요. 그 불편함을 3분만 더 견뎌 보세요. 그러면 들립니다, 지쳐 있는 당신 자신의 목소리가.

침묵을 적이 아닌 친구로 만나겠다.

타인의 소리 없이도 나는 충분하다.

오늘 하루 5분, 아무 소리 없이 나와만 있어 보겠다.

떠오르는 질문들을 회피하지 않고 마주하겠다.

고요 속에서 나는 더 선명해진다고 믿겠다.

오늘의 마음 처방전

질문 오늘 나는 5분이라도 진짜 침묵을 경험했나요? (O / X)

미션 침묵과 함께하기

잠들기 전, 모든 소리를 끄고 손을 가슴에 얹은 채 심장 소리를 들어 보세요.
그리고 "오늘도 수고했어"라고 속삭여 보세요.

소음이 멈출 때,
비로소 내 목소리를 들을 수 있습니다

 # 항상 연결되지 않아도 괜찮다

항상 누군가와 함께 있어야 했습니다.

혼자 밥을 먹으면 외로운 사람 같았고,

혼자 영화를 보면 친구가 없는 사람 같았습니다.

어느 날 모든 약속이 취소되었습니다.

카페에 혼자 앉아 창밖을 보는데, 고요함이 찾아왔습니다.

아무도 내 시간을 가져가지 않았습니다.

아무에게도 맞춰 주지 않아도 되었습니다.

혼자라는 건 결핍이 아니라,

나로 가득 찬 시간이었습니다.

정신과 의사의 따뜻한 조언

우리는 항상 연결되어 있어야 한다는 압박에 익숙합니다. 단톡방 답장, 전화 응대, 주말 약속. 이런 관계 피로가 쌓이면 번아웃으로 이어집니다. 사람을 만나도 에너지가 고갈되고, 친한 친구의 연락조차 부담스러워집니다.

우리 사회는 혼자 있는 사람을 특별한 집단으로 분류하며 쉼조차 허락하지 않습니다. 사람들 속에 있어야만 안심이 되는 분들이 있습니다. 혼자 남으면 불안이 밀려오는데, 이 불안의 본질은 외로움이 아닙니다. 자기 자신과 편안히 머물 기회가 없었기 때문이죠.

번아웃으로 찾아오는 분들이 한결같이 하는 말이 있습니다. "혼자 있을 시간이 없었어요." 사람들을 챙기느라 정작 자기 자신은 돌보지 못한 겁니다. 심리학자들은 이를 '회복적 고독 Restorative Solitude'이라 부릅니다.

환자 중 한 분은 주말을 혼자 보내며, 자신이 천천히 걷는 걸 좋아한다는 걸 처음 알았다고 했습니다. 혼자 있을 줄 알게 되면 관계도 달라집니다. 외로움을 메우기 위함이 아니라 함께하고 싶어서 만나게 되니까요.

고요한 시간이 불편하더라도
그 안에 머물러 보겠다.

타인의 부재가 아닌 나의 존재에 집중하겠다.

외로움을 메우려 연락하지 않고,
함께하고 싶을 때 연락하겠다.

오늘 15분, 아무 자극 없이
나와 함께 있어 보겠다.

의무가 아닌 선택으로 관계를 맺어 가겠다.

오늘의 마음 처방전
질문 오늘 나는 온전히 혼자인 시간을 보냈나요? (O / X)
미션 혼자만의 시간 만들기

오늘 15분간 혼자 있어 보세요. 카페든, 공원이든, 집이든 괜찮습니다.
휴대폰은 꺼 두고요.

1. 어디서 혼자 있었나요?: _____
2. 가장 먼저 떠오른 생각: _____
3. 15분 후 느낌 한 단어: _____

지친 마음이 쉴 곳은
고요한 시간입니다

41일 주는 만큼 잘 받는 법

나는 평생 남을 챙겼습니다.

부모님 생신, 아이 입학, 동료 승진.

늘 누군가를 위해 포장지를 골랐습니다.

그런데 막상 내 생일엔 아무도 기억하지 못했습니다.

서운하지 않다고, 괜찮다고 스스로를 설득했습니다.

하지만 깨달았습니다. 나는 내 존재조차

축하할 줄 몰랐다는 걸.

처음으로 스스로에게 묻습니다. "나는 뭘 좋아하지?"

답을 모른다는 사실을 알아차렸을 때

나를 찾아갈 수 있습니다.

정신과 의사의 따뜻한 조언

심리학자 애덤 그랜트Adam Grant는 《기브 앤 테이크》에서 흥미로운 역설을 발견했습니다. 베푸는 사람들이 성공의 정점과 바닥에 동시에 존재한다는 겁니다. 성공한 기버들은 베풀되 경계를 지킬 줄 알았지만, 바닥의 기버들은 받는 법을 잊어버린 사람들이었습니다.

받는 걸 불편해하는 사람들에게는 공통점이 있습니다. 어린 시절 착한 아이로 보여야 사랑받는다고 배웠다는 겁니다. 받기보다 주는 게 칭찬받는 행동이었고, 성인이 된 지금도 무언가를 받으면 이기적인 사람이 될까 봐 두렵습니다.

한 환자분은 스무 번도 넘게 가족들 생일을 챙겼지만, 정작 자신은 한 번도 제대로 축하받지 못했습니다.

베푸는 만큼 채울 줄도 알아야 합니다. 그래야 계속 베풀 수 있으니까요.

나는 주는 사람이기 전에

받을 자격이 있는 사람임을 기억하겠다.

베푸는 만큼 채울 시간도 나에게 허락하겠다.

작은 선물 하나라도

나 자신에게 줄 수 있는 용기를 내겠다.

타인의 기대에 앞서 내 필요를 먼저 살피겠다.

도움이 필요할 때 "괜찮아요" 대신

"고마워요"라고 말하겠다.

오늘의 마음 처방전
질문 오늘 나는 나를 위해 무언가를 선택했나요? (O / X)
미션 나를 위한 첫 선물 준비하기

이번 주, 오직 나를 위한 작은 선물 하나를 정하세요. 그것을 손에 넣었을 때 "나도 받을 자격이 있어"라고 말하세요. 그 순간의 기분을 한 단어로 기록하세요.

: _____

텅 빈 그릇은 누구도 채울 수 없습니다.
나를 채우는 것은 이기심이 아니라,
계속 베풀기 위한 지혜입니다

 ## 직접 경험이
내 삶에 남기는 것

휴대폰 사진첩에 천 장이 넘는 사진이 있습니다.
그런데 행복했던 순간을 물으면
아무것도 떠오르지 않습니다.
딸의 첫 걸음마 때, 본능적으로 휴대폰을 꺼냈다가
녹화를 멈췄습니다. 그때야 내 아이가 보였습니다.
기록에 집중하면 경험이 사라집니다.

심리학자 린다 헨켈Linda Henkel은 '사진 찍기 손상 효과photo-taking impairment effect'를 발견했습니다. 박물관 전시물을 사진 찍은 사람들은 그냥 관찰한 사람들보다 더 기억하지 못했습니다. 기록에 의존할수록 뇌는 직접 기억하는 걸 게을리합니다. 무언가를 포착하려는 순간, 우리는 경험의 주체에서 관찰자로 물러납니다. 아이의 학예회에서 카메라를 든 부모는 무대 위 아이가 아닌 화면 속 아이를 봅니다.

사진은 그날의 장면을 보존하지만, 기억은 그날이 나에게 어떤 의미였는지를 남깁니다. 지금 이 순간을 살아 내는 그 경험이 진짜 기억을 만듭니다.

기록하기 전에 먼저 충분히 느끼겠다.

하루 한 번, 카메라 없이 5분 동안
한 장면을 온전히 바라보겠다.

불완전한 기억의 아름다움을 신뢰하겠다.

순간을 붙잡으려는 손을 내려놓고,
그저 흐르게 두겠다.

내 경험은 내가 기억하겠다.

오늘의 마음 처방전
질문 오늘 렌즈 없이 마음의 눈으로만 담은 순간이 있나요? (O / X)
미션 노 포토 챌린지

이번 주말, 의식적으로 사진을 찍지 않는 3시간을 만들어 보세요(산책, 모임, 외식 등 평소 사진을 찍던 상황에서). 3시간 후, 가장 생생하게 기억나는 순간 하나를 적어 보세요.

: _____

기록은 장면을 보존하지만,
경험은 의미를 새깁니다

때로는 낯선 길을 걸어 봐도 좋다

매일 같은 시간, 같은 길을 걷던 어느 날,
지하철 안내 방송을 놓쳤습니다.
모르는 역에서 내렸더니 당황보다는 설렘이 먼저 왔습니다.
처음 보는 거리, 처음 맡는 빵 냄새, 간판 글씨까지
다르게 보였습니다.
10년 다닌 동네인데 처음 보는 길이었습니다.
안전함이라는 틀을 벗어나니, 잊고 있던 내가 보였습니다.

한 중년 여성이 찾아왔습니다. 20년간 같은 루틴으로 살다가 갑작스러운 해고를 맞았다고 했습니다.

처음엔 공허했습니다. 하지만 두 달 뒤엔 달라져 있었습니다. 평일 낮의 영화관, 미뤄 뒀던 동네 뒷산을 다녀갔습니다. 그녀는 자신이 산책을 좋아하는 사람인 줄 처음 알았다고 했습니다.

진료실에서 발견한 패턴이 있습니다. '내가 누군지 모르겠다'라고 말할 때, 사실은 특정한 '나'를 너무 오래 연기해 온 겁니다. 직장인이라는 역할, 부모라는 역할에 갇혀 그 역할 밖의 나를 탐색할 기회를 갖지 못한 거죠.

심리학자 칼 융은 우리 안에 숨어 있는 낯선 나를 만나는 과정이 진정한 성장이라고 했습니다. 꼭 극적인 변화가 아니어도 됩니다. 낯선 골목, 들어가 본 적 없는 가게, 타 본 적 없는 버스. 그 작은 선택이 나의 일상을, 나의 삶을 단단하게 만들어 줍니다.

오늘은 계획하지 않은 곳으로 향하겠다.

루틴 밖의 선택을 두려워하지 않겠다.

마음이 이끄는 대로 따라가 보겠다.

낯선 것을 만났을 때 호기심으로 다가가겠다.

미지의 나와 만나는 시간을 허락하겠다.

오늘의 마음 처방전
질문 최근 일주일간 예정에 없던 곳에 가 본 적이 있나요? (O/X)
미션 낯선 길 걷기

내일, 점심시간이나 퇴근 후에 한 번도 들어가 보지 않은 가게나 골목으로 들어가 보세요. 그곳에서 5분만 머물러도 좋습니다.

길을 잃어야,
진짜 길을 찾습니다

# 내 안의 작은 변화를 알아차리기

십 년 동안 바꾸려 했습니다. 십 년 동안 실패했습니다.
그날 아침도 똑같았습니다.
그때, 문득 생각했습니다. '이게 맞나?'
하지만 지나온 십 년은 결코 헛되지 않았습니다.
매번의 시도가 쌓여 이 순간을 만들었습니다.
지금 이 순간에도 나는 변하고 있습니다.

한 환자가 십 년간의 시도 끝에 변화한 순간을 이야기했습니다. 어느 날 아침, 갑자기 달라졌다고 합니다. 그 '갑작스러운' 순간 뒤에는 십 년의 시간이 있었습니다.

변하지 않는다고 좌절하는 순간이 사실은 변화의 임계점에 가장 가까운 때입니다. 포기하고 싶을 때가 바로 터닝 포인트 직전인 경우가 많습니다. 말콤 글래드웰 Malcolm Gladwell은 《티핑 포인트》에서 변화가 한순간에 일어나는 것처럼 보이지만, 실은 오랜 축적의 결과라고 했습니다.

매번의 실패는 헛되지 않았습니다. 그건 다음 시도를 위한 준비였고, 수많은 작은 순간들이 쌓여 마침내 전환점에 도달한 겁니다. 보이지 않는다고 일어나지 않는 게 아닙니다. 지금 당신 안에서도 변화는 조용히 진행되고 있습니다.

보이지 않는 성장도 분명한 성장이다.

매일의 작은 실천을 쌓아 가겠다.

하루의 작은 차이가
일 년의 큰 차이를 만든다는 것을 믿겠다.

조급함 대신 과정을 신뢰하겠다.

결과보다 방향을 보겠다.

오늘의 마음 처방전

질문 오늘 어제와 달라진 점을 하나라도 발견했나요? (O / X)
미션 미세한 변화 기록하기

일주일 동안 매일 밤, 어제와 달랐던 점 하나를 적어 보세요. 아주 작은 것도 좋습니다. 일주일이 지난 후, 그 작은 것들이 모여 만든 변화가 보일 것입니다.

변화는
소리 없이 쌓입니다

매일 밤 우리는 다짐합니다. 내일은 완전히 다르게 살겠다고, 이번엔 정말 바뀌겠다고. 한 번에 확 달라져야 진짜 변화라고 믿습니다. 하지만 변화는 길처럼 만들어집니다. 처음 숲을 걸을 땐 발자국이 보이지 않습니다. 그런데 같은 자리를 매일 걸으면 풀이 눕고, 흙이 다져집니다. 어느 날 돌아보면 길이 되어 있습니다. 지금부터 11일간, 우리는 매일 걸어서 길을 만드는 여정을 시작합니다. 가장 작은 발걸음부터 내딛어 보겠습니다.

5장

♦

작은 일이라도
지속하는 연습

45일 — 작은 의례들이 지탱하는 하루

루틴은 단순한 반복이 아닙니다.
하루에 닻을 내리는 의식입니다.
아침에 창문을 여는 일, 물 한 잔 마시는 것,
잠들기 전 일기장을 덮는 순간.
별것 아닌 것 같지만 이런 것들이 흔들리는 나를 붙듭니다.
매일 같은 시간, 같은 자리에서 나는 나를 만납니다.
세상이 요구하기 전에 내가 나를 먼저 챙기는 시간입니다.
작은 의례들이 하루를 지탱합니다.

습관은 무의식적 반복이고, 의식은 의미를 담은 반복입니다. 의식적 행동은 전전두엽을 활성화시켜 자기 조절력과 집중력을 높입니다.

출근 전 5분, 커피를 내리는 동안 휴대폰을 보지 않는 환자분이 있었습니다. 그 시간이 하루를 시작하는 신호가 되었다고 했습니다. 처음엔 손이 근질거렸답니다. 하지만 한 달쯤 지나니 그 시간이 없으면 오히려 하루가 이상하게 느껴진다고요.

벤저민 프랭클린은 평생 두 가지 질문을 반복했습니다. 매일 아침 "오늘 무슨 선한 일을 할까?"를 묻고, 저녁엔 "오늘 무슨 선한 일을 했는가?"를 기록했습니다. 단순하죠. 하지만 이 질문의 반복이 그를 만들었습니다.

의식이 먼저입니다. 의식을 반복하면 습관이 되고, 습관이 쌓이면 정체성이 됩니다.

아침에 나만의 의식을 하나 만들어 보겠다.

세상이 뭘 요구하든, 나를 먼저 챙기고 시작하겠다.

반응만 하는 삶이 아니라 의도하는 삶을 살겠다.

작은 루틴이 쌓여서 나를 만든다는 걸 믿겠다.

매일 같은 시간, 나만의 시간을 지키겠다.

오늘의 마음 처방전
질문 오늘 나는 나만의 의식을 통해 중심을 찾았나요? (O / X)
미션 벤저민 프랭클린의 질문 따라하기

1. 내일 아침 눈뜨자마자 스스로에게 묻기: "오늘 나는 무엇을 하고 싶은가?"
   (거창할 필요 없습니다. '점심 맛있게 먹기'도 좋습니다)
2. 잠들기 전 되묻기: "오늘 나는 무엇을 했는가?"
3. 일주일만 반복해 보기 (메모장에 간단히 적고 7일 후 뭐가 달라졌는지 확인하기)

아침의 작은 행동 하나로
하루의 뿌리가 내려집니다

46일 반복은 뇌를 바꾼다

매일이 똑같습니다.

같은 시간에 일어나서 같은 길을 걷고, 같은 일을 합니다.

그런데 어제의 나와 오늘의 나는 다릅니다.

반복은 지루함이 아니라 리듬입니다.

매일 조금씩 다른 사람이 되어 간다는 것,

그게 일상이 주는 선물입니다.

정신과 의사의 따뜻한 조언

육아휴직 후 복직한 환자분이 있었습니다. 반년이 지났는데도 "아무것도 안 변했어요"라고 했습니다. 하지만 천천히 돌아보니 많은 게 달라져 있었습니다. 출근 첫날엔 아이와 헤어지며 울었지만, 지금은 웃으며 손 흔듭니다. 힘들었던 업무도 이젠 자연스럽게 처리하고요.

변화를 못 느낀다는 게, 사실은 적응했다는 증거입니다. 애써 의식하지 않아도 되니까요. 반복은 뇌를 바꿉니다. 피아니스트의 손가락을 담당하는 뇌 영역은 일반인보다 넓습니다. 런던 택시 운전사들의 공간 기억을 담당하는 뇌 부위도 일반인보다 더 큽니다. 재능 때문이 아닙니다. 반복이 뇌를 바꾼 겁니다.

극적인 변화만 변화가 아닙니다. 진짜 성장은 눈에 보이지 않는 곳에서 일어납니다.

오늘 반복 속에서 어제와 다른 나를 찾아보겠다.

같은 일상도 매번 결이 다르다는 걸
알아차리겠다.

내 삶의 리듬을 믿겠다.

작은 변화도 분명한 변화라고 인정하겠다.

반복 속에서 내가 더 깊어진다는 걸 믿겠다.

오늘의 마음 처방전

질문 오늘 했던 일 중 어제와 미묘하게 달랐던 순간이 있었나요? (O / X)
미션 같은 일의 다른 순간 찾기

하루 중 매일 반복하는 행동 하나를 골라 보세요. (출근길, 커피 마시기, 저녁 식사 등)
그 순간에서 오늘만의 차이를 찾아 한 문장으로 적어 보세요

: _____

오늘도 해가 떴습니다. 같은 태양이지만,
비추는 건 어제와 다른 나입니다

47일 사소한 행위들의 힘

작년 이맘때는 침대에서 일어나는 것도 힘들었습니다.

지금은 출근길 지하철에 서 있습니다.

특별한 일은 없었습니다.

그냥 매일 작은 것들을 포기하지 않았을 뿐입니다.

양치질을 했습니다. 옷을 입었습니다. 현관문을 열었습니다.

이런 것들이 쌓여서 지금의 나를 만들었습니다.

정신과 의사의 따뜻한 조언

힘든 시기를 견뎌 낸 사람들한테는 공통점이 있습니다. 특별한 능력이 아닙니다. 매일의 작은 것들을 포기하지 않았다는 것뿐입니다.

진료실에서 보면 재미있는 일이 있습니다. 큰 목표를 세운 사람보다 작은 걸 반복한 사람이 더 오래 간다는 겁니다. 목표는 처음에만 힘을 주지만, 작은 행위는 정체성을 만듭니다. '나는 매일 ~하는 사람'이라는 생각이 행동을 바꾸고, 행동이 삶을 바꿉니다. 아침에 일어나기, 밥 한 끼 챙겨 먹기, 누군가에게 안부 묻기. 별것 아닌 것 같지만 이런 게 우리를 붙듭니다.

우울증으로 침대에서 못 일어나던 환자분이 있었습니다. 처음엔 침대 끝까지만 가보자고 했습니다. 그다음엔 화장실까지, 그다음엔 거실까지. 작은 행위를 반복하다 보니 어느새 회복되더라고요. 지금 여기, 당신이 있다는 것. 그게 가장 대단한 일입니다.

작은 일 하나라도 해내겠다.

완벽하지 않아도 시작하는 것만으로 의미가 있다.

포기하고 싶을 때 가장 작은 것부터 해 보겠다.

하루에 한 가지, 내가 정한 작은 약속을 지키겠다.

오늘도 나를 포기하지 않겠다.

오늘의 마음 처방전

질문 오늘 작은 일 하나를 해냈나요? (O / X)
미션 나를 지킨 작은 일들 기록하기

이번 주 포기하지 않았던 작은 일 3가지를 떠올려 보세요

: _____

예 '월요일, 출근하기 싫었지만 일어났다', '수요일, 밥맛이 없었지만 한 끼 먹었다'

매일의 작은 일이
결국 당신을 지킵니다

 ## 갑자기 무너질 때 나를 구하는 한 가지 의식

갑자기 공황이 왔습니다.

시야가 좁아지고, 가슴이 조였습니다.

그때 문득 떠올랐습니다. 돌아갈 곳이 하나 있다는 것을.

팔을 교차해서 가슴에 얹었습니다.

어깨를 천천히 토닥였습니다.

"여기 있구나." 내가 내게 말했습니다.

평소 연습했던 것, 위기 속에서도 나는 그곳으로 돌아갑니다.

정신과 의사의 따뜻한 조언

회의 중 공황 발작으로 발표를 하지 못한 환자분이 있었습니다. 공황은 예고 없이 찾아옵니다. 그럴 때 미리 준비해 둔 작은 도구가 필요합니다.

'나비 포옹Butterfly Hug'이라는 방법이 있습니다. 양팔을 X자로 교차해 가슴에 올리고, 양손으로 어깨를 부드럽게 토닥입니다. 좌우를 번갈아 자극하면 뇌가 안정되고, 스스로를 안는 행위가 마음을 진정시킵니다. 회의실에서는 더 조용한 방법도 있습니다. 책상 아래에서 양 무릎을 번갈아 천천히 누르는 것입니다.

공황 중에는 복잡한 기법이 소용없습니다. 하지만 몸이 기억하는 단순한 동작은 생각하지 않아도 작동합니다. 3분짜리 작은 연습이 당신을 구합니다.

평소 3분, 나만의 작은 연습을 만들어 두겠다.

위기가 와도 돌아갈 곳이 있음을 기억하겠다.

최악의 순간에도 단 하나만큼은 지키겠다.

생각하기 전에 몸이 기억하게 하겠다.

3분도 충분하다는 것을 받아들이겠다.

오늘의 마음 처방전
질문 오늘 최소한 한 가지 작은 것을 지켰나요? (O / X)
미션 위기 대응 도구 3분 연습하기

지금 바로 한 가지를 선택해 연습해 보세요.

1. 나비 포옹
   양팔을 X자로 교차해 가슴에 올린 후, 양손으로 어깨를 8~10회 부드럽게 토닥입니다.
2. 무릎 누르기
   책상 아래에서 양 무릎을 번갈아 누릅니다.

평소 연습했던 그 작은 것들이
위기를 견디게 합니다

49일 자기 돌봄 연습하기

하루에도 몇 번씩 누군가를 돌봅니다.

후배가 지각하면 "괜찮아, 천천히 와"라고 합니다.

힘든 동료에게 커피를 건넵니다.

지친 가족한테 "오늘 고생했어"라고 합니다.

그런데 나는 다릅니다.

늦잠 잔 나한테는 "또 이러네"라고 합니다.

피곤한 나한테는 커피 대신 일을 더 권합니다.

지친 나한테는 아무 말도 안 합니다.

내일부터는 바꾸려고 합니다.

하루에 한 번쯤은, 나도 돌보기로 했습니다.

자기 돌봄에 서툰 사람들은 대부분 타인 돌봄의 전문가입니다. 친구가 힘들면 바로 달려가고, 가족이 아프면 모든 걸 멈춥니다. 그런데 자신한테는 그러지 않죠. "나중에", "조금만 더", "괜찮아"라며 미룹니다.

타인의 힘듦은 잘 보는데 자기 힘듦은 못 봅니다. 동료가 한숨 쉬면 "무슨 일 있어?"라고 물어도, 내가 한숨 쉬는 건 "별일 아니야"로 넘기죠.

이미 방법은 알고 있습니다. 후배가 지쳐 보이면 "먼저 가, 내가 할게"라고 했듯이, 내가 피곤할 때도 그렇게 말해 보세요. 친구의 실수에 "괜찮아"라고 했듯이, 내 실수에도 그렇게 말해 보세요. 오늘 타인에게 한 친절을, 내일은 나한테도 해 보세요.

타인에게 했던 위로를 나에게도 하겠다.

친구의 작은 성취를 축하하듯 나의 작은 성취도 축하하겠다.

동료의 실수를 이해하듯 나의 불완전함도 품겠다.

가족을 위해 시간을 내듯 나를 위한 시간도 지키겠다.

작은 자기 돌봄을 매일 반복해서 습관으로 만들겠다.

오늘의 마음 처방전

질문 오늘 타인에게 했던 친절을 나한테도 보였나요? (O / X)
미션 자기 돌봄 연습 3단계 실천하기

1. 오늘 타인에게 한 친절 하나 떠올리기
    예 "괜찮아요"라는 말, 고민 들어주기, 따뜻한 차 건네기
2. 그걸 나한테 적용하면?
    예 나한테 "괜찮아"라고 하기, 내 마음 들어주기, 나한테 차 한 잔 타 주기
3. 지금 당장 해 보기

위에서 고른 것 중 하나를 지금 바로 해 보세요(30초면 됩니다).
내일도, 모레도 반복하세요. 일주일 뒤엔 조금 더 자연스러워질 겁니다.

밖을 향하던 손이,
처음으로 안쪽을 어루만집니다

우울증 환자를 바꾼
1퍼센트 변화의 기적

매일 조금씩 나아지면 1년 뒤엔 놀라운 변화가 생깁니다.

매일 조금씩 나빠지면 1년 뒤엔 거의 남는 게 없습니다.

극적인 변화는 극적인 행동에서 오지 않습니다.

사소한 선택을 반복하다 보면 기적이 생깁니다.

오늘의 1퍼센트가 내일을 바꿉니다.

정신과 의사의 따뜻한 조언

우울증 환자한테는 거창한 목표 대신 작은 행동 하나를 제안합니다. 5분 산책, 10분 독서, 한 통의 전화. 이런 게 쌓이면 실제로 증상이 나아집니다.

제임스 클리어James Clear는 《아주 작은 습관의 힘》에서 복리 효과를 이야기합니다. 매일 1퍼센트씩 나아지면 1년 뒤 37배가 되고, 1퍼센트씩 나빠지면 거의 0이 됩니다. 방향이 중요하다는 거죠.

6개월간 출근 말고는 외출을 거의 못 하던 환자분이 있었습니다. 처음 목표는 '매일 편의점까지 걷기'였습니다. 첫 2주는 계단까지만 내려갔습니다. 한 달쯤 지나니 아파트 단지를 한 바퀴 돌더라고요. 3개월 뒤엔 주말마다 서점에 갔습니다.

1퍼센트는 눈에 보이지 않습니다. 하루 이틀은 변화가 안 느껴지죠. 하지만 한 달이 지나면 달라지고, 석 달이 지나면 확실히 다릅니다. 거창한 다짐은 실패하지만, 오늘 하나만 바꾸는 건 지속될 수 있습니다.

오늘은 어제보다 1퍼센트 나은 선택을 하나 하겠다.

해야 할 일 중 가장 작은 것 하나를 먼저 끝내겠다.

방향이 맞으면 천천히 가도 괜찮다고 믿겠다.

멈추고 싶을 때 한 걸음만 더 가 보겠다.

안 보여도 변화는 진행 중이라는 걸 기억하겠다.

오늘의 마음 처방전

질문 오늘, 어제보다 1퍼센트 나아진 게 있나요? (O / X)

미션 1퍼센트 개선 기록하기

1. 오늘, 어제와 달리 한 일 하나를 적어 보세요
    :
    예 물 한 잔 더 마셨다, 계단을 이용했다, 10분 일찍 잤다

2. 나의 1퍼센트를 한 문장으로 :
    예 오늘은 몸의 신호를 한 번 더 들었다

한 달 반복하면 확실히 달라지고,
1년 반복하면 상상 이상으로 달라집니다

51일 하지 않는 날도 괜찮다

30일 연속 명상을 28일 만에 멈췄습니다.

출장으로 사흘을 비웠습니다.

'28일이 다 헛수고였네'라고 생각했습니다.

그런데 나흘째 되는 날 다시 방석에 앉았을 때 알았습니다.

28일은 사라지지 않았습니다.

몸 어딘가에 남아 있었습니다.

중요한 건 연속이 아니라 돌아오는 것이었습니다.

하루 쉬었다고 다 무너지는 게 아닙니다.

다시 시작하는 것이 진짜 용기입니다.

정신과 의사의 따뜻한 조언

6개월간 매일 아침 명상을 하던 환자분이 출장으로 사흘을 쉬었습니다. 돌아와서 다시 시작을 못 하더라고요. '어차피 망한 거'라는 생각 때문이었습니다.

심리학자 앨런 말랫G. Alan Marlatt이 발견한 '파괴 효과Abstinence Violation Effect'입니다. 한 번 중단하면 모든 게 망했다고 생각해 아예 포기하는 현상입니다. 중독 치료 연구에서 발견했는데, 습관을 만들 때도 똑같이 나타납니다.

그런데 생각해 보면 그분은 6개월 동안 거의 매일 명상했습니다. 사흘 쉰 것에만 집중하느라 그 많은 날들을 못 본 겁니다. 습관은 완벽한 직선이 아닙니다. 점들의 연결이에요. 점과 점 사이가 조금 멀어져도 선은 이어집니다. 중단과 포기는 다릅니다. 중단은 점 사이가 멀어져 있는 것이고, 포기는 선을 끊어 버리는 겁니다.

그분은 일주일 뒤 다시 시작했습니다. '매일'이라는 강박을 내려놓고 '나는 명상하는 사람'이라는 걸 기억하기로 했습니다. 일주일에 몇 번을 하든 그 정체성은 안 흔들립니다. 멈췄다가 다시 돌아온다면, 그것도 계속하는 겁니다.

하루 쉬었다고
다 무너지는 게 아니라는 걸 기억하겠다.

중단과 포기를 구분하겠다.
중단은 쉼이고, 포기는 끝이다.

쌓아 온 시간은 멈춤과 함께 사라지지 않는다.

완벽한 연속보다 유연한 지속을 선택하겠다.

다시 시작하는 걸 실패가 아니라 성장으로 보겠다.

오늘의 마음 처방전
질문 최근에 중단한 습관을 다시 시작할 수 있나요? (O / X)
미션 다시 시작하기

중단한 습관 하나를 골라 다시 시작해 보세요. 매일이 아니어도 됩니다. 주 3회만 해도 충분합니다.
　예 아침 독서, 주 3회, 10분씩

중단은 끝이 아니라
쉼표일 뿐입니다

52일 느리게 가도, 멈추지 않으면

출근길 지하철에서 동기 SNS를 봅니다.

자격증 합격, 승진 소식, 목표 달성.

나는 1년째 같은 자리입니다.

왜 나만 이렇게 느릴까요? 그래도 멈추지는 않았습니다.

하루 한 걸음씩, 한 달에 조금씩.

1년 뒤에 보니 빠르던 사람은 이미 멈춰 있고,

느렸던 나는 아직 걷고 있었습니다.

느림은 뒤처지는 게 아닙니다. 내 속도로 가는 중입니다.

정신과 의사의 따뜻한 조언

한국의 '빨리빨리' 문화는 속도를 능력처럼 여깁니다. 느린 사람은 무능하다는 소리를 듣죠. 하지만 속도 경쟁에만 빠지면, 원래 왜 시작했는지를 잊게 됩니다.

천천히 반복 학습할 때, 뇌의 시냅스 연결은 더욱 견고해집니다. 빠른 학습은 단기 기억에 저장되지만, 느린 학습은 장기 기억으로 정착됩니다. 급하게 외운 것은 쉽게 잊히지만, 천천히 익힌 것은 오래 남습니다. 신경과학이 증명한 사실입니다.

급하게 이룬 건 쉽게 무너지지만, 천천히 쌓은 건 오래 갑니다. 6개월 만에 목표를 이룬 사람은 1년 뒤 예전으로 돌아갔습니다. 2년 걸린 사람은 5년째 계속하고 있습니다. 차이는 속도가 아니라 뿌리의 깊이였습니다.

이솝 우화의 거북이는 느렸지만 멈추지 않았습니다. 당신이 느리다고 느낄 때, 그건 깊이 뿌리내리는 중이라는 뜻입니다.

남의 속도가 아니라 내 리듬을 믿겠다.

빨리 도착하는 것보다
끝까지 가는 걸 목표하겠다.

느리다고 자책하지 말고,
멈추지 않았다고 칭찬하겠다.

나만의 템포를 인정하고 존중하겠다.

느린 나를 부끄러워하지 않고
꾸준한 나를 자랑스러워하겠다.

오늘의 마음 처방전

질문 오늘 나는 남의 속도와 비교하지 않고 내 리듬을 지켰나요? (O / X)
미션 나의 느린 승리 기록하기

최근에 '나는 왜 이렇게 느릴까' 느꼈던 순간을 떠올려 보세요.

1. 비교했던 사람과 상황 : _____
2. 그래도 멈추지 않고 계속한 기간 : _____
3. 그때는 못했는데 지금은 할 수 있는 것 : _____

남의 속도가아니라
내 리듬으로 걷습니다

53일 재능이 없다고 생각될 때

3년 전 일기를 발견했습니다.
'이번엔 정말 끝까지 해 보자'라는 다짐이
스무 번도 넘게 적혀 있습니다.
그때는 작심삼일이 일상이었습니다.
시작은 했지만 일주일을 넘긴 적이 없었습니다.
매번 '나는 재능이 없나 봐'라며 포기했습니다.
하지만 오늘, 나는 900일째 같은 일을 합니다.
달라진 건 재능이 아니었습니다.
이번엔 포기하지 않았을 뿐입니다.

정신과 의사의 따뜻한 조언

"선생님, 저는 재능이 없는 것 같아요"라고 말하는 환자분들이 있습니다. 그런데 재능보다 중요한 게 있습니다.

펜실베이니아대학교 심리학자 앤절라 더크워스 Angela Duckworth 는 수천 명을 연구한 끝에 발견했습니다. 성공을 가르는 건 재능이 아니라 끈기였습니다. 재능은 노력을 통해 기술이 되고, 그 기술에 다시 노력이 더해지면 성취가 됩니다.

더크워스는 미국 육군사관학교 웨스트포인트 생도들을 추적했습니다. 입학 성적이나 체력보다 끈기 점수가 훈련 완수 여부를 더 정확하게 예측했습니다.

미국의 화가인 안나 메리 로버트슨 모제스 Anna Mary Robertson Moses 는 77세에 그림을 그리기 시작했습니다. 관절염으로 평생 하던 자수를 할 수 없게 되자 붓을 잡았습니다. 매일 그렸습니다. 101세로 세상을 떠날 때까지 1,600점이 넘는 작품을 남겼고, '할머니 모제스 Grandma Moses'라는 이름으로 세계적 명성을 얻었습니다.

끈기는 타고나지 않습니다. 매일 하나씩 계속하기로 선택하는 것입니다.

재능이 없어도 끈기로 할 수 있다는 것을 믿겠다.

실패를 끝이 아닌 과정으로 받아들이겠다.

남들보다 느려도 멈추지 않겠다.

작은 진전도 인정하겠다.

포기하고 싶을 때마다 '한 번만 더'를 선택하겠다.

오늘의 마음 처방전
질문 오늘 포기하고 싶었지만 계속한 순간이 있었나요? (O / X)
미션 포기하지 않은 이유 찾기

최근 포기하고 싶었던 일을 떠올려 보세요.

1. 그 일:
2. 계속할 이유 한 가지:
3. 내일 할 가장 작은 한 걸음:
   예 영어 공부 → 해외여행에서 쓰려고 → 내일: 영어 문장 3개 외우기

재능은 시작을 결정하지만,
끈기는 끝을 결정합니다

 ## 의지가 약한 사람들에게 필요한 것

매일 아침 운동을 다짐합니다.

하지만 운동복을 찾고, 신발을 꺼내고, 물을 준비해야 합니다.

그 과정만으로 지칩니다. 결국 포기하고 출근합니다.

어느 날 밤, 다르게 해봤습니다.

운동복을 침대 옆에 놓고, 신발을 현관에 나란히 두고,

물병을 채워 뒀습니다.

다음 날 아침, 생각하기 전에 움직이고 있었습니다.

변한 건 의지가 아니라 구조였습니다.

정신과 의사의 따뜻한 조언

USC 심리학 교수 웬디 우드Wendy Wood는 우리 행동의 상당 부분이 의식적 선택이 아니라 구조에 의해 자동으로 일어난다고 밝혔습니다. 같은 시간, 같은 장소가 반복되면 뇌는 생각 없이 움직입니다.

근육처럼, 의지력은 쓰면 소모됩니다. 그래서 퇴근 후 운동은 어렵습니다. 하루 종일 의지력을 써왔으니까요. 그렇다면 의지력을 아껴야 할까요? 아닙니다. 의지력을 쓰지 않아도 되는 구조를 만들어야 합니다.

습관에 실패하는 사람들은 매일 아침 '할까, 말까' 싸웁니다. 성공하는 사람들은 그 고민 자체를 없앴습니다. 책을 베개 옆에 두면 아침에 손이 먼저 갑니다. 충전기를 다른 방에 두면 휴대폰을 덜 봅니다. 좋은 습관은 쉽게, 나쁜 습관은 어렵게 만드는 것입니다.

매일 '할까, 말까' 고민하는 순간이 오기 전에, 이미 시작하고 있도록 만드세요. 그것이 지속 가능한 변화의 비밀입니다.

"의지가 약해"라는 자책 대신
"무엇을 바꿀까"를 묻겠다.

오늘 밤, 내일 아침의 첫 단계를 미리 준비하겠다.

좋은 습관은 눈에 보이게,
나쁜 습관은 손에 닿지 않게 만들겠다.

매일 선택하지 않아도 되는
자동 루틴을 하나 만들겠다.

변화는 마음이 아니라
구조에서 시작된다는 것을 기억하겠다.

오늘의 마음 처방전
질문 오늘 나는 의지력 대신 구조를 바꿨나요? (O / X)
미션 내일을 위한 구조 만들기

1. 내일 아침 가장 먼저 할 일을 정하세요
   : _____
   예 운동하기, 책 읽기, 물 마시기, 명상하기

2. 지금 준비할 것
   : _____
   예 필요한 물건을 눈에 띄는 곳에 놓기, 방해물을 멀리 치우기 등

생각하기 전에 움직일 때,
습관이 시작됩니다

55일 몸은 패턴을 기억한다

오늘 아침, 펜을 집는 데 망설임이 없었습니다.

처음 며칠은 달랐습니다. 앉기 전에 한숨을 쉬었고,

펜을 들기 전에 휴대폰을 봤습니다. 시작이 무거웠습니다.

그런데 오늘은 생각하기 전에 손이 먼저 움직였습니다.

불편함이 어색함이 되고,

어색함이 익숙함으로 바뀌는 순간이 있습니다.

그 경계는 또렷하지 않습니다.

다만 어느 날, '어? 이제 괜찮네' 하고 깨닫습니다.

자연스러워지는 것은 극적인 변화가 아닙니다.

매일 조금씩, 물이 스며들듯 찾아옵니다.

정신과 의사의 따뜻한 조언

50일째 산책을 하는 어느 환자분은 며칠 전부터 나가기 싫다는 생각이 들지 않는다고 했습니다. 습관이 자연스러워지는 순간은 새벽처럼 찾아옵니다. 정확히 몇 시에 밝아지는지 알 수 없습니다. 그저 어느새 주변이 보입니다.

처음 2주는 불편합니다. '왜 이걸 해야 하지?' 하는 저항이 옵니다. 3주쯤 지나면 조금 익숙해집니다. 6주쯤, 문득 깨닫습니다. '어? 오늘은 별로 안 힘드네.'

반복되면 뇌가 패턴을 학습합니다. 생각하지 않아도 몸이 기억합니다. 조금 편해지면 '이제 됐다'라며 멈추거나, '아직도 힘들다'라며 포기합니다. 하지만 지금이야말로 땅속 깊이 뿌리 내리는 중입니다. 몸이 기억하기 시작할 때, 습관은 진짜 당신의 것이 됩니다.

어제보다 조금 덜 힘들다면
"나아지고 있구나"라고 말하겠다.

'아직 안 익숙해'라는 생각이 들어도 계속하겠다.

조금 편해졌다고 멈추지 않겠다.

생각보다 몸이 먼저 움직이는 순간을 알아차리겠다.

작은 변화를 발견할 때마다 스스로를 격려하겠다.

오늘의 마음 처방전

질문 오늘, 시작하기 전의 망설임이 줄었나요? (O / X)
미션 자연스러움 확인하기

처음과 비교해 달라진 점을 확인해 보세요.

☐ 시작할 때 망설임이나 한숨이 줄었다.
☐ '오늘은 쉴까' 하는 생각이 줄었다.
☐ 하는 동안 집중이 더 잘 된다.
☐ 하지 않으면 오히려 불편하다.

3개 이상 확인되었다면,
당신은 지금 자연스러워지고
있습니다.

자연스러워지는 순간,
당신은 이미 달라져 있습니다

매일 아침, 우리는 나를 작게 만듭니다. 누군가의 직원으로, 누군가의 부모로, 누군가의 배우자로. 그렇게 스스로를 줄이고 하루를 시작합니다. 그 안에 정작 나는 없습니다. 내가 좋아하는 것도, 내가 원하는 것도, 내가 가능하다고 믿는 것도 없습니다. 하지만 나는 내가 아는 것보다 큽니다. 실패로 정의되지 않고, 나이로 제한되지 않으며, 평가로 축소되지 않습니다. 이제 우리는 타인의 정의가 아닌, 나 자신으로 살아가는 시간을 시작합니다. 가장 진실한 나부터 마주해 보겠습니다.

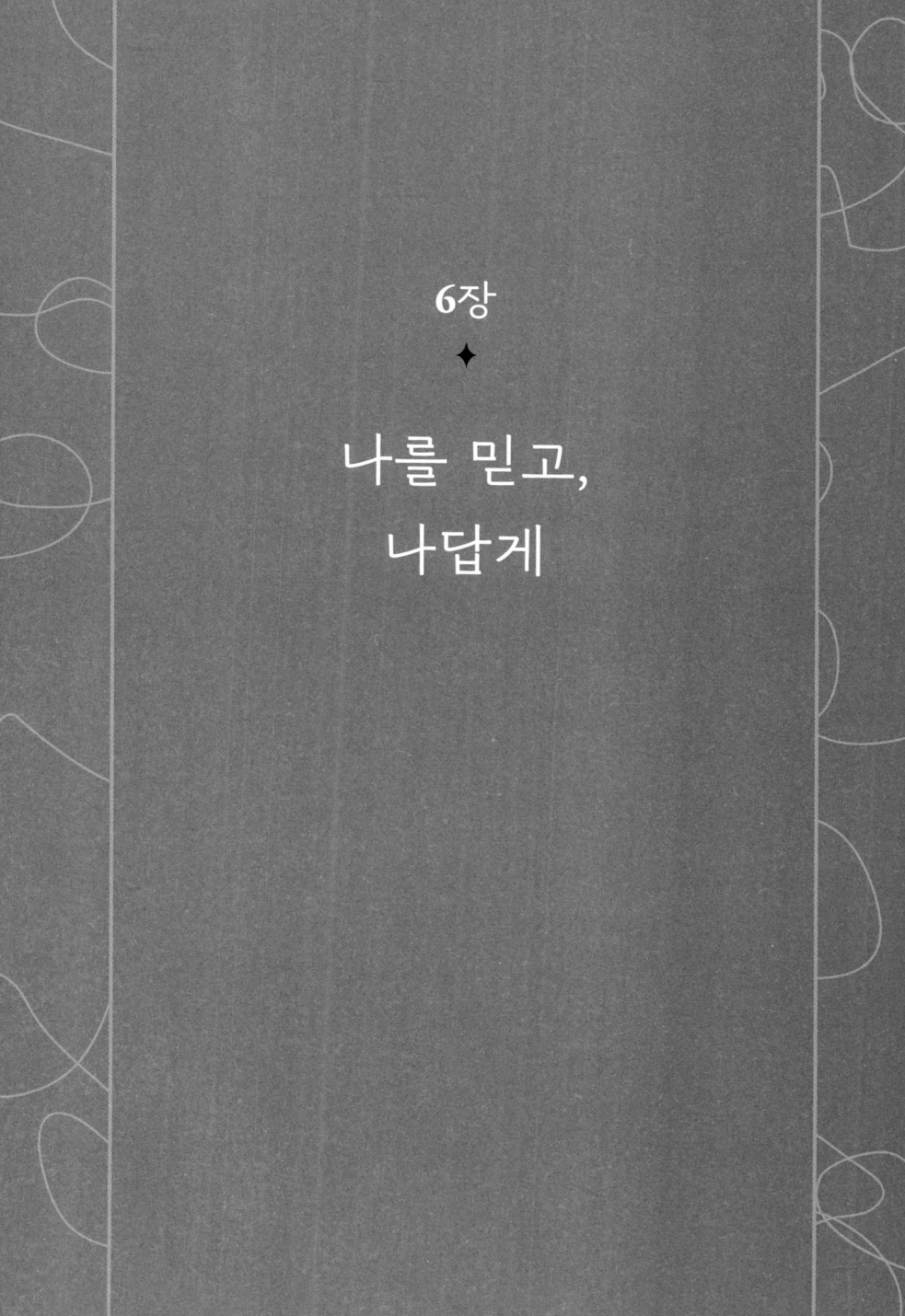

6장

나를 믿고,
나답게

내 안의 가능성은 아직도 유효하다

마흔을 넘긴 어느 날, 나는 '했어야 했는데'라는 말을
입버릇처럼 하고 있었습니다. '할 수 있었는데', '그랬더라면'.
미래는 닫힌 문처럼 보이고, 현재는 너무 좁습니다.
하지만 가능성은 시제를 모릅니다.
나이도, 실패의 횟수도, 남들의 시선도 신경 쓰지 않습니다.
나는 오늘도 현재형으로 말합니다.
할 수 있다고, 아직도요.

정신과 의사의 따뜻한 조언

'이미 늦었다'라는 생각은 자신에게 유통기한을 붙이는 일입니다. 마흔이 넘었으니, 쉰이 넘었으니, 이제는 때가 지났다고 말합니다.

심리학자 에릭 에릭슨 Erik Erikson은 인간이 평생에 걸쳐 발달한다고 봤습니다. 중년에는 다음 세대를 위해 뭔가 남기려는 마음이 생기고, 노년에는 자기 삶을 돌아보며 의미를 찾게 됩니다. 나이를 먹는다는 건 그냥 늙는 게 아니라 그 시기만의 깊이를 갖는다는 뜻입니다.

스무 살의 과제와 쉰 살의 과제는 다릅니다. 젊을 때는 나를 찾고, 중년에는 누군가를 돕고, 나이 들면 지나온 길의 의미를 발견합니다. 늦은 게 아니라 다른 계절을 사는 겁니다.

여든넷에 첫 시집을 낸 이삼순 할머니가 있습니다. 예순다섯에 《초원의 집》을 쓴 로라 잉걸스 와일더 Laura Ingalls Wilder도 있고요. 이분들은 남들의 시계를 보지 않았습니다.

진짜 늦은 때는 스스로 가능성의 문을 닫을 때입니다. 문이 열려 있는 한, 당신은 여전히 가능성 안에 있습니다.

늦었다는 생각이 들 때마다
'아직'이라는 한 단어로 문을 다시 열겠다.

나이는 숫자일 뿐,
내 가능성을 규정하지 못함을 기억하겠다.

남들이 정한 시계가 아니라, 내 안의 계절을 살아가겠다.

지금 이 순간도 배우고 성장할 수 있음을 믿겠다.

오늘도 무언가를 시작할 수 있음에 감사하겠다.

오늘의 마음 처방전

질문 오늘 나는 '늦었다'라는 말을 '아직'으로 바꿔 봤나요? (O / X)
미션 늦었다고 생각해서 포기했던 일 하나를 적어 보세요.

1. 포기한 일: _____
2. 포기한 이유: _____
3. 지금 시작한다면 첫걸음: _____

계절은 달력을 모릅니다.
시작하는 순간이 봄입니다

'조금 더 나아지면'이라는 거짓말

"좀 더 나아지면 시작할게요."
매번 나는 기준을 올립니다.
우울이 나으면, 불안이 줄면, 준비가 되면.
시간만 흐르고 시작은 멀어집니다.
미완의 나로도 충분합니다.
삶은 완성 후에 시작되는 게 아니라,
미완성 속에서 계속됩니다.
'다 나아지면'은 없습니다. 있는 것은 오늘뿐입니다.

정신과 의사의 따뜻한 조언

"조금만 더 나아지면 그때 시작하겠습니다."

5년째 같은 말씀을 하시는 분이 있었습니다. 처음엔 우울증이 나으면, 그다음엔 불안이 줄면, 그다음엔 관계가 회복되면. 기준점은 계속 올라갔고, 5년이 흘렀습니다.

진료실에서 발견한 게 있습니다. 완벽을 기다리는 사람들은 사실 실패가 두려운 게 아닙니다. 불완전한 자신을 사람들 앞에 드러내는 게 두렵습니다.

심리학자 브레네 브라운Brené Brown은 완벽주의를 '수치심의 방패shield against shame'라고 불렀습니다. 완벽해지면 사랑받을 수 있다고 믿지만, 역설적으로 완벽주의는 수치심을 더 키웁니다. 불완전한 나를 숨기느라 진짜 삶을 놓치기 때문이죠.

우리는 애초부터 미완성입니다. 다만 어떤 이는 그걸 인정하고 살아가고, 어떤 이는 완성을 기다리며 멈춰 있을 뿐입니다. 완벽주의는 높은 기준처럼 보이지만, 사실은 시작을 무한히 연기하는 회피입니다. '준비되면'이라는 말 뒤에는 항상 '아직 준비 안 됐어'라는 두려움이 숨어 있습니다.

오늘의 불완전함이
내일의 완벽보다 소중함을 기억하겠다.

불완전해도 지금 시작할 용기를 내겠다.

'완벽해지면'을 '하면서 배우자'로 바꾸겠다.

준비가 덜 됐어도 시작할 자격이 있음을 믿겠다.

매일 작은 시도 하나만으로도 충분하다고 믿겠다.

오늘의 마음 처방전

질문 오늘 '다 나아지면'이라는 생각으로 미룬 것이 있나요? (O / X)

미션 완벽을 기다리는 것을 멈추기

1. 지금까지 준비되면 하려고 미뤄 둔 일 하나를 적어 보세요

    : _____

2. 오늘, 불완전한 채로 시작할 것을 적어 보세요

    : _____

오늘의 미완성이
내일의 완성보다 낫습니다

58일 — 내가 정말로 원하는 것

수십 개의 조언이 쏟아집니다.
부모님은 안정을 말하고, 친구는 도전을 말합니다.
책은 용기를 말하고, 뉴스는 현실을 말합니다.
모두의 말이 옳습니다. 그런데 서로 모순됩니다.
결국 나는 멈춥니다.
소음 속에서 가장 조용한 목소리를 찾습니다.
'나는 뭘 원하는가?' 그게 내 목소리입니다.

"제가 뭘 원하는지 모르겠어요." 진료실에서 가장 자주 듣는 말입니다. 타인의 목소리가 너무 커서 정작 자기 목소리를 못 듣는 겁니다.

32살 직장인인 환자분이 있었습니다. 안정적인 직장을 그만두고 작은 가게를 시작하고 싶어 했어요. 부모님은 걱정했고, 친구들은 말렸습니다. "안정적인 직장 버리고 뭐 하려고"라고요. 석 달을 더 고민한 끝에 가게를 열었습니다. 쉽진 않지만 후회는 없답니다. 자기 선택이니까요.

후회하는 분들의 공통점은 정작 자신이 뭘 원했는지 물어본 적이 없다는 겁니다. 반대로 자기 선택에 확신이 있는 분들은 결과가 어떻든 후회가 적습니다. 중요한 건 결과가 아니라 '내가 선택했다'라는 사실입니다.

타인의 조언이 나쁜 게 아닙니다. 문제는 그 조언이 내 목소리를 덮을 때입니다. 가장 조용한 목소리에 귀 기울여 보세요. 그게 당신의 진짜 답입니다.

중요한 결정 앞에서
'나는 뭘 원하는가'를 먼저 묻겠다.

타인의 말을 경청하되,
내 마음의 신호를 우선하겠다.

'해야 한다'와 '하고 싶다'를 구분하겠다.

혼란스러울 때는 결정을 서두르지 않고
마음이 정리될 때까지 기다리겠다.

선택의 결과보다
내가 선택했다는 사실을 기억하겠다.

오늘의 마음 처방전
질문 최근 타인의 의견 때문에 내 생각을 무시한 적이 있나요? (O / X)
미션 내 목소리 찾기

1. 조용한 시간 만들기, 휴대폰을 끄고 5분간 고요히 앉기, 최근 고민하는 선택 하나를 떠올리기
2. 두 가지 질문에 답하기
   - 타인들은 뭐라고 하는가?: _____
   - 나는 정말 뭘 원하는가?: _____
   힌트 답이 "~해야 해서"로 시작하면 외부 목소리, "~하고 싶어서"로 시작하면 내 목소리

타인의 말은 나침반이 아니라 지도일 뿐입니다.
발걸음은 내가 떼야 합니다

59일 내 안의 언어가 나를 짓는다

아침 거울 앞에서 중얼거립니다. "나는 뭘 해도 어설퍼."
이 말은 하루 종일 따라다닙니다.
출근길에도, 회의 중에도, 잠들기 전에도.
"이것도 제대로 못 하네", "역시 부족해."
내가 나에게 건네는 말은 나를 만듭니다.
이제 다르게 말하기로 합니다.
"어설프다"가 아니라 "배우는 중"으로,
"부족하다"가 아니라 "성장하는 중"으로.

진료실에서 처음 만나는 순간, 많은 분들이 자기소개를 부정의 언어로 시작합니다. "저는 뭘 해도 안 되는 사람이에요", "남들은 다 잘 하는데 저만 이래요."

우리는 어릴 때부터 자신에게 가혹한 서술자가 되는 법을 배웠습니다. 부모의 한숨과 선생님의 빨간 줄이 반복되며 깊은 흔적을 남깁니다.

신경과학이 밝혀낸 사실이 있습니다. 우리가 사용하는 언어가 뇌의 구조를 바꿉니다. 반복되는 생각과 말이 신경 회로를 재편성합니다. 자주 사용하는 회로는 강해지고, 사용하지 않는 회로는 약해집니다.

매일 아침 "오늘도 힘들겠다"로 시작하는 사람과 "오늘은 어떤 좋은 일이 있을까"로 시작하는 사람은 1년 후 다른 사람이 됩니다. 가장 오래 함께하는 사람은 나 자신입니다. 그 사람에게 가장 가혹한 말을 하고 있다면, 그건 평생의 불행입니다.

부정 언어가 나올 때 멈추고 다시 말하겠다.

하루 끝에 내가 나에게 한 말을 돌아보겠다.

작은 변화에도 "잘하고 있어"라고 인정하겠다.

언어를 바꾸는 것이
뇌를 바꾸는 시작임을 기억하겠다.

오늘 하루 나에게 따뜻한 서술자가 되겠다.

오늘의 마음 처방전
질문 오늘 나는 어떤 언어로 나를 불렀나요? (O / X)
미션 언어 바꾸기 연습

지금 당신이 자신에게 가장 자주 사용하는 부정 언어 3개를 적어 보세요. 그 옆에 바꿀 수 있는 긍정 언어를 적어 보세요.

: _____

예 "실패했어" → "시도했어", "난 못해" → "아직 배우는 중"

말은 씨앗입니다.
오늘 심은 말이 내일의 나로 자랍니다

60일 사건이 아니라 서사를 바꾸는 연습

조개 속에 모래알이 들어갑니다. 아픕니다.

조개는 그걸 밀어낼 수 없습니다. 대신 진주층으로 감쌉니다.

한 겹, 또 한 겹. 어느 날 그 아픔은 진주가 됩니다.

고통은 선택할 수 없습니다.

하지만 아픔을 어떻게 내 이야기로 쓸지는

선택할 수 있습니다.

정신과 의사의 따뜻한 조언

심리학자 댄 맥아담스Dan McAdams는 수천 명의 인생 이야기를 들었습니다. 그리고 발견했습니다. 우리 정체성은 사건 자체가 아니라, 그 사건을 어떻게 이야기하느냐로 만들어진다는 사실을요.

같은 이혼을 경험해도, 어떤 이는 10년이 지나도 그 사건에 갇혀 있고, 어떤 이는 그 경험을 성장의 발판으로 삼습니다. 차이는 사건이 아니라 서사였습니다. 누군가는 "모든 게 그때 망가졌다"라고 말하고, 누군가는 "그 경험이 지금의 나를 만들었다"라고 말합니다.

고통의 의미는 사건이 끝난 뒤에 찾아지는 게 아닙니다. 그 이야기를 쓰는 바로 지금, 의미는 만들어집니다. 당신은 당신 인생의 저자입니다. 이미 일어난 일은 바꿀 수 없지만, 그걸 어떻게 쓸지는 지금도 선택할 수 있습니다.

내 이야기의 서술자는 나임을 기억하겠다.

고통을 회피하지 않되, 의미는 내가 부여하겠다.

과거를 다시 쓸 수는 없어도,
과거의 이야기는 다시 쓸 수 있다.

매일 조금씩 내 서사를 다듬어 가겠다.

고통이 남긴 흔적을 진주로 만들어 가겠다.

오늘의 마음 처방전
질문 가장 힘들었던 경험이 당신에게 가르쳐 준 것은 무엇인가요?
미션 힘들었던 경험의 서사 바꾸기 연습

종이를 반으로 접으세요. 왼쪽에는 가장 힘들었던 경험 한 가지를, 오른쪽에는 그 경험이 가르쳐 준 것 한 가지를 적어 보세요.

당신은 고통을 견디고 있거나, 이미 견뎌 냈습니다. 이제 그걸 어떻게 쓸지는 당신의 몫입니다.

조개는 이물질을 거부할 수 없지만,
진주를 만드는 건 조개 자신입니다

비록 완벽하지 않았던 선택일지라도

사표를 쓸 때도, 관계를 정리할 때도,
새로운 일을 시작할 때도 확신은 없었습니다.
"이게 맞는 걸까?" 수없이 물었습니다.
하지만 완벽한 선택은 없었습니다.
그때 내가 아는 모든 걸 동원해 결정했을 뿐입니다.
그 용기를 오늘은 칭찬하고 싶습니다.

정신과 의사의 따뜻한 조언

'그때 다르게 했더라면'이라는 생각이 삶을 지배하는 사람들이 있습니다. 하지만 그 순간으로 돌아간다 해도, 같은 정보와 같은 상황에서 정말 다른 선택을 할 수 있었을까요? 대부분은 아닙니다. 우리는 그 순간 최선을 다했으니까요.

선택의 의미는 당신이 부여합니다. 같은 결정도 어떻게 해석하느냐에 따라 후회가 되기도, 배움이 되기도 합니다. 당신이 지금까지 내린 모든 선택은 그 순간의 진실한 결정이었습니다. 그때의 당신에게 있던 용기와 두려움, 희망과 한계 속에서 나온 최선의 답이었다는 것을 인정해야 합니다.

선택한 순간의 용기를 스스로 칭찬하겠다.

망설임도 신중함의 증거였음을 인정하겠다.

결과보다 그 순간의 진실을 존중하겠다.

모든 선택이 지금의 나를 만든 과정임에 감사하겠다.

불완전한 선택이라도 나의 것으로 받아들이겠다.

오늘의 마음 처방전

질문 최근 내가 내린 중요한 선택 하나를 떠올려 보세요. 그 선택이 쉽지 않았던 이유는 무엇이었나요?

미션 그 선택의 순간을 다시 떠올리며 적어 보세요.

1. 그 선택 : _____
2. 그때 느낀 감정 : _____
3. 그럼에도 선택한 이유 : _____

불완전했던 모든 선택을
이제는 나의 것으로 받아들입니다

62일 나는 이미 충분히 괜찮은 사람

더 잘해야, 뭔가 증명해야
사랑받을 수 있다고 믿었습니다.
그런데 갓 태어난 아기는
아무것도 하지 않아도 사랑받습니다.
그때의 나도 그랬습니다.
증명 없이, 조건 없이 사랑받았습니다.
지금도 마찬가지입니다.
나는 처음부터 충분한 사람이었습니다.

정신과 의사의 따뜻한 조언

진료실에 오는 많은 분들이 같은 고민을 합니다. 언제쯤 충분히 괜찮은 사람이 될 수 있을지를 말이죠. 늘 부족하다고 느낍니다. 더 성공해야, 더 완벽해야 인정받을 수 있다고 생각합니다.

심리학자 타라 브랙Tara Brach은 자신의 부족함에 갇혀 본래의 나를 잊어버리는 상태를 연구했습니다. 그녀가 제안한 방법은 지금 이 순간을 판단 없이 받아들이는 겁니다.

변화를 원할수록 자신을 비난하게 됩니다. 하지만 나를 있는 그대로 인정하면, 마음이 움직이기 시작합니다. 오늘만이라도 스스로에게 "내가 있는 것만으로도 충분해"라고 말해 줄 수 있습니다.

평가의 잣대를 내려놓고, 있는 그대로의 나를 보겠다.

오늘 하루를 견뎌 낸 나의 인내를 소중히 여기겠다.

작은 성취에도 "잘했어"라고 스스로를 격려하겠다.

매 순간 숨 쉬며 살아 있는 나를 소중히 여기겠다.

부족한 모습도 나의 일부로 받아들이겠다.

오늘의 마음 처방전
질문 오늘 자신을 가장 혹독하게 평가했던 순간은 언제였나요?
미션 자기 인정 3단계 연습

1. 편안히 앉아 두 손을 가슴에 얹으세요.
2. 들숨에 "나는", 날숨에 "여기 있어"를 세 번 속삭이세요.
3. 그때의 나에게 지금 해 주고 싶은 말을 한 문장으로 적어 보세요

   :

있는 그대로도
나는 이미 충분합니다

63일 나와도 거리가 필요한 순간

어떤 기억은 시간이 지나도 잊히지 않습니다.
친구들은 벌써 털어냈다고 합니다.
사람들은 '부딪혀야 성장한다'라고 말합니다.
그래서 나도 억지로 힘들었던 그 장소에 가 보고,
그 음악을 들어 봅니다. 그런데 가슴은 여전히 조여 옵니다.
때로는 아픈 기억과도 거리를 둘 줄 알아야 합니다.
준비가 되면, 그때 다시 마주하면 됩니다.

회복 속도는 사람마다 다릅니다. 같은 시련을 겪어도 누군가는 빨리 털어내고, 누군가는 오랜 시간이 걸립니다. 그런데 많은 분들이 남들과 자신을 비교하며 조급해하죠.

트라우마 연구자 베셀 반 데어 콜크는 상처가 준비되지 않은 상태에서 억지로 직면하면 오히려 상처가 덧난다고 경고했습니다. 준비 없는 직면은 감정을 압도시킵니다. 그 압도된 경험 자체가 새로운 상처가 되고, '나는 여전히 약하다'라는 메시지만 남게 됩니다.

진료실에서 발견한 게 있습니다. 상처는 준비될 때까지 기다려줘야 한다는 것입니다. 시간만으로는 치유되지 않습니다. 마음의 준비가 필요합니다. 거리두기는 회피가 아닙니다. 아직 감당할 준비가 안 된 걸 인정할 줄 알아야 합니다.

아직 만날 준비가 안 된 것들과는 거리를 두겠다.

나를 돌보는 속도는 내가 정하겠다.

잠시 멈춤도 치유의 과정임을 인정하겠다.

남들의 회복 속도와 나를 비교하지 않겠다.

때가 오면 자연스럽게 마주할 수 있음을 믿겠다.

오늘의 마음 처방전

질문 오늘 나는 아직 마주하기 힘든 것을 억지로 들여다보지 않았나요? (O / X)
미션 준비 안 된 것을 인정하기

1. 지금 내 마음에 다가가기 어려운 것 한 가지를 떠올려 보세요.
2. 스스로에게 말해 주세요. "아직은 아니야. 준비될 때까지 기다릴게."
3. 언제쯤 준비될지 정하지 마세요. 기한은 마음이 정합니다.

예 어려운 것: 헤어진 연인이 준 선물 버리기, 자기 대화: "아직은 아니야. 언젠가 준비되면 그때 정리하면 돼."

아직 아픈 모든 것들을
서두르지 않겠습니다

64일 외상 후 성장의 시간

창밖 벚나무가 앙상합니다. 봄이 올까 의심했습니다.
나무는 봄을 기다리지 않았습니다.
땅속에선 뿌리가 더 깊이 내렸고,
가지 끝엔 눈이 부풀어 올랐습니다.
추위를 충분히 겪어야 꽃이 핍니다. 나무는 그걸 압니다.
저도 알 것 같습니다. 제 안에서도 뭔가 준비되고 있다는걸.

벚나무가 꽃을 피우려면 겨울을 거쳐야 합니다. 추위를 충분히 겪어야 봄을 맞을 준비가 됩니다.

심리학자 테데스키Richard Tedeschi는 트라우마를 겪은 사람들을 연구했습니다. 그리고 발견했습니다. 고통이 사라진 '후'가 아니라 고통을 겪는 바로 그 '과정' 안에서 성장이 시작된다는 걸요.

이혼 후 3년이 지난 환자분이 있었습니다. 여전히 아프다고 하셨어요. 그런데 달라진 게 있더라고요. 예전엔 남편 눈치를 보느라 밥 먹으면서도 긴장했는데, 지금은 아이랑 저녁 먹으며 웃습니다. 혼자 결정 내리는 것도 처음엔 무서웠지만, 이젠 스스로를 믿는다고 합니다. 아픔은 그대로인데, 그 안에서 힘이 자라고 있었습니다.

모든 고통이 성장으로 이어지진 않습니다. 다만 겨울을 견딘 사람만이 아는 깊이가 있습니다.

힘든 시간도 나를 준비시키는
과정임을 받아들이겠다.

보이지 않는 곳에서 일어나는 변화를 신뢰하겠다.

남들보다 느리게 회복해도
나만의 템포를 존중하겠다.

쉼과 멈춤도 성장의 한 방식임을 인정하겠다.

작은 변화들이 쌓여
새로운 나를 만든다는 것을 기억하겠다.

오늘의 마음 처방전
질문 올해 나는 어떤 추위를 견뎌 냈나요?
미션 서로의 성장을 인정하기

집 근처 겨울나무 한 그루를 찾아보세요. 그 앞에서 서로의 겨울을 인정해 주는 시간을 가져 봅니다. 봄이 오면 다시 찾아가 인사하기로 약속합니다.

겨울의 끝에서
봄은 이미 시작되었습니다

65일   무너진 날에도
삶은 계속된다

이제 저는 회사원이 아니게 되었습니다.

20년간 매일 출근하던 제가,

이제는 어디에도 소속되지 않았습니다.

명함도, 직함도, "무슨 일 하세요?"라는 질문에

대답할 말도 사라졌습니다.

그런데 이상한 일이 벌어졌습니다.

아침에 눈을 떴고, 커피를 마셨고, 산책을 나갔습니다.

역할은 사라졌지만, 저는 여전히 저였습니다.

퇴직이나 실직을 경험한 분들은 자신이 사라진 것처럼 느낍니다. 역할을 잃으면 존재까지 잃는다고 믿기 때문이죠. 하지만 역할과 존재는 다릅니다.

심리학자 윌리엄 제임스William James는 자아를 여러 층위로 구분했습니다. '물질적 자아'는 우리 몸과 소유물입니다. '사회적 자아'는 직함과 역할, 타인의 평가로 이루어진 자아죠. '정신적 자아'는 가장 내밀한 자아입니다. 내 생각, 내가 소중히 여기는 가치, 변하지 않는 내면의 본질입니다.

회사원이라는 역할을 잃어도, 커피를 좋아하고 산책을 즐기는 나는 그대로입니다. 우리 사회는 "뭐 하세요?"라는 질문으로 사람을 정의합니다. 명함과 직함으로 사람을 평가하죠. 그래서 역할을 잃으면 정체성까지 잃은 것처럼 느낍니다. 하지만 당신은 역할이 아닙니다. 역할은 당신이 '하는 것'이지, 당신이 '존재하는 것'이 아닙니다. 역할은 옷과 같습니다. 벗어도 당신은 그대로입니다. 무너진 것은 직함이지, 당신이 아닙니다.

나는 역할이 아니라 존재임을 기억하겠다.

역할을 잃어도 변하지 않는 나를 찾아보겠다.

"나는 ~한 사람이다"라는 문장을
역할 없이 채워 보겠다.

무너진 날에도 삶이 계속되었음을 기억하겠다.

역할 없는 나도 충분히 가치 있음을 인정하겠다.

오늘의 마음 처방전

질문 오늘 역할이 아닌 '나'를 발견했나요? (O / X)
미션 역할 없는 나 찾기

직함이나 역할 없이 나를 정의해 보세요.

1. 나는 _____ 을/를 좋아하는 사람이다.
   예 아침 산책, 음악, 고양이
2. 나는 _____ 할 때 편안한 사람이다.
   예 책 읽을 때, 요리할 때, 혼자 있을 때
3. 나는 _____ 을/를 소중히 여기는 사람이다.
   예 가족, 정직함, 친절

역할은 바뀌어도,
나는 그대로입니다

66일 문제보다 더 큰 나

가슴이 두근거립니다. 숨이 가빠집니다.

불안이 온몸을 휘감습니다.

'나는 불안한 사람이야.' 불안이 제 이름이 된 것 같습니다.

그런데 잠깐, 불안을 느끼고 있는 '나'가 따로 있습니다.

불안은 내 안을 지나가는 손님입니다.

나는 그 손님을 맞이하는 집입니다.

손님이 떠나도, 집은 그대로 남습니다.

진료실에서 많은 분들이 같은 말을 합니다. 불안과 생각이 자신을 삼켜 버릴 것 같다고요. 불안을 없애려고 애쓸수록 불안은 커집니다. 그런데 그저 바라보다 보면, 불안은 저절로 흘러갑니다.

심리학에서는 이걸 '탈융합defusion'이라 부릅니다. 감정과 나를 분리하는 겁니다. '나는 불안하다'가 아니라 '지금 내 안에 불안이란 감정이 있네'로 보는 거죠.

35살 직장인인 환자분이 있었습니다. 실직 후 불안에 시달렸습니다. 두 달쯤 지나서 그분이 말했습니다. "불안이 여전히 오긴 하는데, 이제는 '아, 또 왔네' 하고 지켜볼 수 있게 되었어요."

문제를 멈출 순 없습니다. 다만 문제보다 더 큰 나를 발견할 수는 있습니다.

불안이 나를 삼킬 것 같을 때,
한 발짝 물러나 관찰하겠다.

복잡한 생각이 들었을 때,
"나는 집이고, 이건 지나가는 손님"이라고 말하겠다.

감정이 올라올 때마다
자연스럽게 이름을 불러 주는 나를 발견하겠다.

또다시 감정의 파도가 칠 때,
나는 파도가 아니라 바다임을 기억하겠다.

완벽하게 통제할 수 없어도 괜찮다고 인정하겠다.

오늘의 마음 처방전

질문 오늘 어떤 문제에서 한 발짝 물러나 본 적이 있나요? (O / X)
미션 문제를 관찰하기

1. 눈을 감고 편안히 앉으세요.
2. 지금 드는 감정이나 생각 하나를 찾아보세요.
3. 그것에 이름을 붙여 보세요.
   예 불안, 초조함, 걱정 등
4. "지금 내 안에 _____ 이/가 있네"라고 말해 보세요.
5. 그 문제가 구름처럼 떠나가는 걸 지켜보세요.

삶의 문제는 파도처럼 밀려왔다 빠져나갑니다.
하지만 당신이라는 바다는
언제나 여기 있습니다

전미경 25년간 10만 명 이상의 삶을 회복시킨 정신건강의학과 전문의. 자존감, 우울증, 중독정신의학 분야를 중심으로 연구를 이어왔으며, SBS 〈긴급출동 SOS 24〉, 〈언니한텐 말해도 돼〉 등 다양한 방송 프로그램에서 자문을 맡거나 강연을 해 왔다. 인간관계와 심리, 감정의 본질을 꿰뚫는 통찰을 전하며 많은 독자들의 사랑을 받았다.
쓴 책으로는 《엄마의 자존감》, 《당신은 생각보다 강하다》, 《나를 아프게 하지 않는다》, 《아무리 잘해줘도 당신 곁에 남지 않는다》 등이 있다. 현재는 천안 굿모닝정신건강의학과의 원장으로 환자들을 진료하고 있다.

굿모닝정신건강의학과의원
www.goodmorninghospital.co.kr

유튜브 채널 'Dr.전미경의 닥전 TV'
youtube.com/@dr.jeon__writer

인스타그램, 스레드
@dr.jeon__writer

블로그
blog.naver.com/drjeon_writer

불확실한 세상에서 나를 지켜 내는 정신과 의사의 필사 처방전
불안할 땐 필사책

초판 1쇄 발행 2025년 11월 21일

지은이 전미경
펴낸이 민혜영
펴낸곳 오아시스
주소 서울특별시 마포구 월드컵로14길 56, 3~5층
전화 02-303-5580 | **팩스** 02-2179-8768
홈페이지 www.cassiopeiabook.com | **전자우편** editor@cassiopeiabook.com
출판등록 2012년 12월 27일 제2014-000277호

ⓒ전미경, 2025
ISBN 979-11-6827-378-8 03180

이 책은 저작권법에 따라 보호받는 저작물이므로 무단 전재와 무단 복제를 금지하며, 이 책의 전부 또는 일부를 이용하려면 반드시 저작권자와 (주)카시오페아 출판사의 서면 동의를 받아야 합니다.

- 오아시스는 (주)카시오페아 출판사의 인문교양 브랜드입니다.
- 잘못된 책은 구입하신 곳에서 바꿔 드립니다.
- 책값은 뒤표지에 있습니다.